大夏书系·教师专业发展

高手教师

GAOSHOU JIAOSHI

魏智渊

/

著

华东师范大学出版社

ECNUP 全国百佳图书出版单位

·上海·

图书在版编目（CIP）数据

高手教师／魏智渊著. —上海：华东师范大学出版社，2021

ISBN 978-7-5760-1385-6

Ⅰ．①高…　Ⅱ．①魏…　Ⅲ．①师资培训—研究　Ⅳ．①G451.2

中国版本图书馆 CIP 数据核字（2021）第 031638 号

大夏书系·教师专业发展

高手教师

著　　者	魏智渊
责任编辑	卢风保
责任校对	杨　坤
封面设计	奇文云海·设计顾问

出版发行　华东师范大学出版社

社　　址　上海市中山北路 3663 号　邮编　200062

网　　址　www.ecnupress.com.cn

电　　话　021-60821666　行政传真　021-62572105

客服电话　021-62865537

邮购电话　021-62869887　地址　上海市中山北路 3663 号华东师范大学校内先锋路口

网　　店　http：//hdsdcbs.tmall.com

印 刷 者　北京密兴印刷有限公司

开　　本　700×1000　16 开

插　　页　1

印　　张　17

字　　数　252 千字

版　　次　2021 年 5 月第一版

印　　次　2025 年 7 月第二十次

印　　数　76 601—78 600

书　　号　ISBN 978-7-5760-1385-6

定　　价　58.00 元

出 版 人　王　焰

（如发现本版图书有印订质量问题，请寄回本社市场部调换或电话 021-62865537 联系）

目录

第 二 辑 / 课程的力量

第 三 辑 / 与家长并肩作战

第四辑 / 怎么解决学生棘手问题

第五辑 / 成长在教育细节中

第六辑 / 高手教师的自我训练

代序

何谓"新教师"

　　按：2006 年，我正式加盟新教育实验，主要负责教师专业发展项目。并且，有比较长的一段时期，专门负责新教育实验网络师范学院（以下简称"网师"）的工作。这篇文章，是 2012 年元旦我为网师写的祝辞。时隔多年，仍然能够代表我在教师专业发展方面的基本思考。

　　新教师，不是指刚参加工作不久的青年教师，而是与新教育的理念、愿景、价值观相适应的教师。作为一场有自己鲜明立场的教育实验，新教育必定有自己的方向，有自己关于理想的教师（或曰卓越教师）的想象。新教师，就是对这种想象的尝试描述。

　　这种描述，始于朱永新老师的《新教育之梦》（又名《我的教育理想》）。而新教育实验的发展，就是对这种新教师（朱老师称为"理想的教师"）的不断描述。这种描述从《新教育之梦》中萌芽，伴随新教育的发展不断修正，正在逐渐地清晰起来。显然，只要实验没有中止，这种修正就是一个没有止境的过程。

　　有人会质疑：哪有什么理想的教师，理想的教师应该是丰富多彩的！多元化已经成了许多懒人的家传法宝。多元化的背后，是一种非此即彼思维：为了反对唯一的僵化的标尺，干脆不要任何尺度。新教师当然是丰富多彩的，但丰富多彩并不妨碍他们拥有共同的倾向。模糊了这种倾向，就模糊了新教育实验本身，使新教育实验成为空洞而模糊的东西，仿佛什么都是，结果什么都不是。

有人会反问：你所说的新教师基于什么立场？或者说，基于新教育中的什么立场？因为在新教育的旗帜下，确实汇聚了不少肤色各异甚至有本质上的不同的人，如果新教师基于所有人的想象，那么新教师就什么也不是，就无法形成鲜明的形象。所以，如果大家认为，网师的学术方向最能代表新教育的学术方向，网师意欲培养的教师是比较典范的新教育教师，那么，我所说的新教师，就是基于网师对新教育实验的思考，或者说，就是网师关于新教师形象的描述。——这也意味着，如果你不认同这一前提，你可以将"新教师"这个概念在头脑中代换为"网师新教师"。

所以这里的"新教师"，并非与"旧教师"相对立的教师，就像"新教育"并非与"旧教育"对立的教育一样，只是沿袭新教育传统进行的一次命名。命名是否恰切，还可以继续讨论，但内涵则是清晰的。

此之谓正名。

（一）

新教师，是有着自觉的文化根基，并对教育拥有信仰的教师。

何谓"有着自觉的文化根基"？

这首先意味着，新教师是有根基，有文化诉求的。他们并不像许多前辈（甚至苏霍姆林斯基）那样，自然而然地接受一些假定的文化前提或一些时代风潮而不加思考辨别。这些假定的前提或思潮可能是市场主义、读经主义、自由主义等。

所谓"自觉"，是指新教师对种种影响着教育的文化思潮，进行过长期的审慎的思考与辨析，并最终进行了坚定的抉择。

新教师不愿意全盘接受市场主义，不愿意全盘接受成功学的逻辑，而市场主义和成功学的逻辑正是应试教育的最重要的渊薮之一，无助于学生也无助于教师的生命发展。新教师认为，学习不只是谋求世俗利益的工具，更是生命发展的内在要求，是人的自由与尊严的决定性条件。所谓"不只是"，意味着新教育不反应试，而反唯应试，不反市场，而反唯市场，不把应试或市场作为教育的基础甚至终极目标。

新教师认同自由和民主是教育必然的价值追求之一，但新教师不以此为根基。一方面，新教师是有政治立场的人，而不是投机者或麻木不仁随波逐流者；另一方面，新教师又不愿成为肤浅的自由主义者，尤其防止成为愤青式教师，将政治姿态与专业内容无分别地混在一起——这反而违背了自由民主的原则。新教师对于政治的态度，可以用"知全守分"来概括：既心怀天下，对时事抱有强烈的关切，又能够守住自己的本分，不走极端，而是在自己的岗位上身体力行，努力做一个言行一致的人。

新教师的根基，深扎在脚下这片大地之中，这片孔子周游过，老子沉思过，诗经浸润过的土地，诞生过庄子、孟子、屈原、李白、杜甫、苏轼、朱熹、王阳明、曹雪芹、鲁迅、海子的土地。新教师认为，这既是我们无法逃遁的归宿地，也是我们未来无限自由的开启点。所以，新教师虽然广泛地阅读人类历史上的各类经典并从中汲取营养，但其根基，仍然是绵延两千多年并创造过辉煌灿烂的儒家文化。但新教师对儒家文化的体认，不是读经运动式的对一个遥远的过去的膜拜，而是在与当代、与世界文明的开放对话中的继承和发展。即"以人弘道"，使儒家文化的真精神，在生生不息的创造中，在一天天的筑造、栖居、歌唱中不断地醒来，并成为民族复兴的强大动力。

新教师对教育拥有坚定的信仰。

这信仰，不是宗教般的对外在于己的事物的信仰，而是对生命本身的信仰。新教师没有强烈的形而上的冲动，如果说一定要确立一个形而上的基础的话，新教师宁可认为，生命发展本身，才是宇宙间的第一法则，是绝对信仰的基础。而教育的根本任务，即是促进生命发展。

对生命的信仰，同时包含了对自身生命的信念和对学生生命的信念。

新教师不接受蜡烛的比喻。教师这个职业，对于教师本身而言主要不是损耗，而是发展，好的教育总是意味着师生共同发展。这种发展并不像传统教师那样，或努力工作以求得奖赏（工资、奖金、职称、各种荣誉），或无限地损耗自己以显现道德价值，而是高度重视自身的职业发展和生命体验，并认为自身的生命发展和学生发展必然是统一的，相辅相成的。

这种统一，集中体现为新教师所具备的超越性追求，即对意义感的追求。这种追求的本质不是牺牲，而是自由。新教师总是通过不断的创造来发展学生生命，并在发展学生生命的过程中不断地感受到自身的力量以及新的可能性，从而体验到自由和获得幸福。在这个过程中，新教师也并不简单地拒绝世俗的利益和荣誉。但新教师拒绝名不副实的利益和荣誉，尤其是不以利益和荣誉为职业目标，而视名副其实的利益和荣誉为"额外的奖赏"。因为真正的奖赏，是自身的生命发展，是内在的深沉的幸福感和意义感。

新教师对学生生命也拥有坚定的信念，认为每一个学生无论现在如何落后，生命中总蕴藏着无限发展的可能性，而教师的使命，是信任这种可能性并将它发掘出来，雕琢每一个生命，拯救每一个昏厥的知更鸟，使他们闪耀自身的光彩。

这种信念，是新教师最重要的力量来源之一。

（二）

新教师是终身学习者。甚至可以说，学习已经内化为新教师的类本能。

新教师既然对生命发展怀有根本的信仰，那么新教师必然认为，学习和发展是个永无止境的过程。新教师不认为学习是年轻人的事情，更不是学生时代的事情。在新教师看来，学习与工作，是一张硬币的两面，完全没有可能截然分开。没有学习，工作会黯淡而沦为机械重复；没有工作，学习会成为观念的无用的堆积。新教师致力于通过工作让知识活起来，通过学习让工作变得更具创造性。

与传统教师不同，新教师很重视根本知识的学习，而这种学习，又以研习经典为最重要的路径。

在一切朝向经典的学习中，新教师非常重视哲学、心理学、教育学以及文化理论的研习，以此为专业发展奠定牢固的根基。

有一种偏见，认为教师没必要去读哲学之类的作品（甚至认为连心理学、教育学经典也无须阅读。能读《给教师的建议》，在某些人看来，已经是教师阅读力的极限了），因为阅读这些作品是专家的事。这种偏见，包含了两个错误的前提：一是对一线教师可能性的蔑视。认为教师读不了，读不懂，纵然要读，也只是建议读读非经典的流行作品，有个知识性的了解。二是对教育教学工作本身的轻视。认为教小孩子，根本用不了那么高深的东西。但是新教师不这样认为，新教师认为教育教学是一切职业中最复杂的职业之一，需要精深而广博的知识准备，并且，新教师是相信生命潜能并愿意接受挑战的人。新教师阅读哲学，并非要成为哲学家（对于极个别的新教师，并不排除有这种可能）。新教师有自己的角度，他只是要为教育教学实践奠定更坚实的基础。没有一定数量的哲学、心理学、教育学以及文化理论的阅读，要透彻地理解所教知识，理解学生，甚至理解自己，是不太可能的。而且，这些工具，能够极大地提高新教师的工作效率，使新教师在相当程度上从繁忙的工作中获得解放。

当然，从根本处，新教师的专业学习是以本体性知识为主的，这是新教育的专业根基。而在本体性知识的学习过程中，新教师仍然不会只读流行的书籍或学科杂志，甚至只读教参或教辅，而是研读所教专业领域的经典，并在一定程度上及时跟踪所教领域的最新进展。

例如，一个语文老师，不只是读《名作欣赏》《文史知识》或《唐诗鉴赏辞典》之类，他还会挑战《人间词话》，挑战该领域的文论经典，更不必说大量的经典文学作品了。他不只是读一般的语法修辞书籍，他最终还会一直攻读到《文心雕龙》，甚至从哲学的角度领悟修辞和语法。

这当然是一个漫长的过程，但对于一个视终身学习为习惯的新教师来说，重要的是始终在攀登的途中，而不是很快找一个低矮的山丘然后安顿此生。

这些当然不是学习的全部，新教师更主要的学习源于实践，并通过实践将各种学习予以整合。例如，新教师会挑战课程开发，通过不断地模仿、执行或开发课程，丰富和加深对课程的理解，增强课程能力。新教师会挑战课堂，围绕课堂整合学科课程理论、学科专业知识以及教学理论的学习。新教师会重视叙事而非总结，会通过各种叙事来锤炼叙事能力。此外，班级管理、家校共育等，都有着无穷的学习空间。

这些学习有一些特征：

它们是开放的而非封闭的，向着实践开放，向着未来开放，向着可能性开放，新教师视一切理论为工具，而不轻易被束缚。

它们是鲜活的而非僵死的，是生命性或者说存在性的，而不仅仅是知识性的。新教师不喜欢堆积知识，而总是致力于让知识活起来，活在课堂上，活在生命里。

它们是双向的，既是一个不断地、无限地丰富的过程，又是一个不断地返回根本的过程；既是一个为学的过程，又是一个为道的过程。

……

一切学习，最终仍然归于经验，归于生命发展。而学习的根本性，则体现为形成新教师的新的具有一定开放性的经验框架，在这个经验框架中，关键词包括：信任、人格、积极管理、教育学循环……此外，每一门学科都有相应的框架，而所有这些框架所构成的，乃是一门"学科"，你可以称之为"活的教育学"，或者更准确地说，是一种复杂的"人学"（因为生命本身是最复杂的）。这是新教师不断形成中的个人知识，它既有相对稳定的根基，又处于生生不息的发展中。

（三）

新教师不是传统意义上的个人奋斗者，而必然地是合作者。尺码相同的共同体，是新教师生长的土壤。正是在这种土壤中，才诞生出独特的新教师文化，它是新教育文化精神在新教师身上的显现。

个人主义者敌视一切共同体，视之为自由的妨碍（他们中的大多数其实有抱团的习惯），而另外一些人则又必须依附于一个集体，否则便觉得恐惧，觉得不能行动。新教师既不是个人主义者，也不是集体主义者，他们不愿意躲在个人的天地中自怨自艾或自高自大，也不愿意在那种无限服从权威的共同体中寻求庇护，或只在亲密共同体中寻找安慰。

新教师渴望自由与创造。但新教师知道，一个人的力量终究有限，而且常常容易迷失，所以新教师会创造或加入由拥有共同愿景的、尺码相同的人组成的共同体，共同发展，切磋琢磨。

在这种共同体中，愿景是核心，真理是核心，但人不是核心。这种共同体当然有可能涌现权威，并且权威往往会成为中心，但权威成为中心只是因为权威有能力不断地让真理得以显现，而不是因为权威的个人魅力或权力。一旦焦点从真理转移到人，共同体就黯淡了，就或沦为服从的共同体，或沦为亲密的共同体。

而且，在共同体中，权威往往是多重的，每个领域都可能也应该涌现权威，而在共同体发展中，旧的权威也可能不断地被新的权威所替代。

在共同体中，人际关系是润滑剂，但不是本质性的，更不能妨碍对愿景或真理的追求，相反，在彼此尊重的前提下，每个人的个性都应该尽量得以保全，这是个体的最低自由。

但个体的自由不止于此，更包括知识、人格上的自由，而这种更高的自由必定是以自律为基础的：充分尊重他人、聆听他人观点、遵守讨论逻辑、不违背共同理念……

新教师尤其警惕这些错误：

言行不一，以自由之名违反愿景，使个人对名利的追逐凌驾于共同体愿景之上，破坏共同体的基本规则和价值观；

被情绪控制（这正是不自由的表现之一），而不是让理性主导自身；

片面的个人主义、道德和政治虚无主义、基于私利的拉帮结派、不诚实地相互吹捧、个人崇拜……

新教师并非不会犯这些错误，但新教师会通过不断地反思和诚恳地对话来进行纠正。

（四）

上面的描绘，容易给人以错觉，似乎新教师是整齐划一的。

如果说确实有一个"一"的话，那么，这个"一"意味着"如其所是"，即新教师必定是千姿百态的，这种千姿百态源于生命本身的千姿百态，以及生命成长环境的千姿百态。

新教师的发展，有共同愿景，但是没有一个统一的固定的形而上的所谓"终点"。只能说，新教师发展的理想状态，是不断地在自身处境中实现最大可能性，包括不断地创造出新的可能性，这个过程是没有终点的。

换句话说，这个"一"可以理解为"一个故事"，并且，是一个独一无二，在宇宙间永不重复的故事。所以，新教师的共同特征之一，就是有比较强的生命叙事意识。新教师的成长，因此就是不断地向着未来书写自己。无论是儒家文化的传统，还是共同体，抑或另外的一切处境和学习，都是这种书写的资源和限制（资源和限制，在这里几乎是同义的，消极地理解，是限制；积极地理解，是资源）。

新教师视生命中的每一天都是不断地书写的过程，并力求将无意识的书写变成有意识的书写，再将有意识的书写内化为无意识的书写。

这种书写并非在真空中进行，而是在不断的编织中进行：与学生相互编织，与书籍或者说人类最伟大的思想相互编织，与共同体相互编织，在不断的抉择中选择属于自己的语词，创造属于自己的故事。

这种书写，也必定拥有自己大大小小或远或近的原型，例如孔子，或苏霍姆林斯基，或雷夫，或新教育中的榜样教师。但这故事，终究是自己的，带着属于自己的遗传密码，带着自己的经历、经验与抉择，带着自己的创造和退化，带着自己的明亮与黯淡，并最终形成自己的风格。

这是自己的故事，也是自己的语言，是自己对于这个世界的或大或小的贡献。

显然，在许多人看来，这里描述的新教师是相当陌生的。因为我们看到：大部分教师，只是一个认真或不认真，靠教书来换取工资的职业者；少部分教师，是追求世俗肯定的成功者；还有一部分教师，是基于良知与悲悯为孩子无私奉献的道德者；更少的教师，或是浪漫主义者，或是自觉的逍遥者，或是激愤的自由主义者，或是……

这才是常态，须知参差百态，乃是幸福之源。

描述新教师，并非要否定"非新教师"，而只是尝试为一个或许即将出现的人群画像。他们注定是少数，是非主流。但这毫不减损他们存在的巨大意义。这样的新教师，可能目前一个都没有，有的，只是一些种子，一些可能性。我也无非是对着一片叫新教育（或网师）的土壤畅想，它是梦呓还是预言，不取决于现在，而取决于未来，取决于岁月。

或者说，取决于我们，取决于一切相信这种理想，并愿意付诸努力的人们。

第一辑

重要的是观念

家庭作业？那是孩子和老师的事，与家长无关

网上有许多文章给家长支招，讲怎么指导孩子完成家庭作业。我的意见是：家庭作业是孩子和老师的事，跟家长无关。

关心并为这个问题焦虑的，基本上都是小学的家长。为什么中学的家长很少关心这个问题？一般解释是中学生比较自觉。而实际的原因，一是中学的学业，家长一般不太懂，辅导不了，爱莫能助；二是中学生的家庭作业，就真的已经是孩子和老师的事了。

对于小学学习，我们可能真的需要调整观念了。

一、小学应该减少或不留家庭作业

无论从哪个角度讲，小学生都应该在学校里完成全部的教材学习。

实际上，小学教材中的内容并不多，也并不复杂，一般的学生是完全能够在学校期间就完成学习任务的。小学生还要做家庭作业，甚至还要在外面补课，主要有这几个原因：

1. 学校教育低效，浪费严重，老师通过大量家庭作业来弥补。

2. 学生已经掌握了知识，但是应试教育思维要求过度训练以避免出错，导致了大量边际效益极低的练习，伤害了学生的学习动机。

3. 家长焦虑，要求孩子有更高的名次，结果陷于囚徒困境。

大量家庭作业和课外辅导，有可能造成一些不良的后果：

1. 孩子会习惯于用拼时间、拼练习的方式来学习，这会降低学习效率。一旦上了中学，孩子就很难适应更为复杂的学业要求。许多小学优

秀的孩子，到了初中变差，是因为小学的优秀是假相，是大量训练换来的。到了中学逐渐"本相毕露"，知识结构和思维方法上的缺陷一下子就暴露了。

2.会损害学生的学习动机，导致厌学，或者为家长而学，为老师而学。损害学习热情的后果，会影响孩子一生。在这个终身学习的时代里，这对孩子的影响是巨大的。

3.有可能伤及孩子的自我认知或自尊。依赖大量机械训练的学习，填鸭式的学习，也会影响到道德人格的建构，孩子感觉到自己是被动的，无法掌控知识，也似乎无法掌控自己的命运。

并不是说小学一定不要留家庭作业，而要特别注意：

1.如果孩子学习跟不上，或没有解决当天的问题，那么，家庭作业是一次补充学习和重新学习的机会。但这应该由教师来考虑并做出安排。

2.孩子应该学习，孩子也会喜欢学习。如果可能，应该鼓励孩子在家学习，但在家学习应该是拓展性和加深性的，不应该是对学校学习内容的机械重复。例如，阅读、写作、科学、手工、艺术等，都可以是在家学习的内容。

要不要布置家庭作业，怎么布置家庭作业，这是一门学问，不过这应该是老师们需要修炼的。

如果孩子在小学学得轻松，那么，在中学就有精力和信心迎接更大的挑战。不然，很可能赢了今天，输了明天。

二、家庭作业是孩子和老师的事

谁是学的主体？孩子。

谁是教的主体？教师。

那么，关家长什么事呢？在教与学的互动中，家长的角色应该是支持者，而不应该以孩子的名义被绑架，成为另一个主体，将老师的责任，转移到自己身上来。不能因为家庭作业是在家学习，家长就自然而然地要转变角色成为教师。否则，教学的专业性何在？

孩子可能要经历两类学习：

一是学习掌握教材中的知识。

二是对学习本身进行学习，形成所谓的学习力。

前者填鸭可能还有点效果，后者则必须让孩子去经历，在不断的犯错中、与成人的互动中发展自主性，发展自我管理的能力，从而掌控自己的学习和生活。

在现在的教育体制下，孩子在学校的学习，实际上是以他律为主，始终处于教师的掌控之中。因此，孩子回到家里，如果还需要学习的话，那么，这就是发展孩子学习力的机会。孩子需要完成以下学习：

1. 合理地安排自己的时间。

2. 确保自己能在无人监督的情况下集中注意力，排除各种干扰。

3. 学习独自解决问题，同时学习如何向成人求助。

4. 既能够完成老师布置的作业，也能够根据自身的兴趣，自己选择适合的内容进行学习。

家长可能很沮丧：那么小的孩子，实在是做不到啊，我不介入咋办？

孩子如果做到了，那才神奇。这不是要孩子今天就做到的，而是一个终极目标。这一目标哪怕用六年时间达成了，孩子也会终生因之受益。问题是，家长的不恰当的介入，剥夺了孩子的学习机会，让孩子在家跟在学校一样，像木偶一样机械地被动地学习，他怎么可能发展出自我管理的能力呢？

要发展自我管理的能力，就必须把学习的主动权交给孩子，哪怕是一年级的孩子。孩子在老师的指导下完成家庭作业，而家长只是一个资源提供者、环境创造者和支持者。良好的支持，能让孩子在一年之内，就有可能成为一个很好的自我管理者。

在这个过程中的许多代价，不但是值得的，本身就是必须。但当家长把全部精力都用于逼孩子完成作业的时候，这一目标便无法达成，因为家长首先搞错了目标，弄错了自己的角色。

教师也应该修炼领导力

领导力常常被误解为"领导应该具备的能力"，它实际上应该是任何一个成熟的人都应该具备的基础能力。在某种意义上，领导力可以被定义为"在自己负责的领域内整合各种资源解决问题的能力"。更通俗地说，领导力就是影响力，任何一个人都应该追求影响力。

因此，哪怕你只是一个普通老师，也应该修炼自己的领导力。

（一）

我们可以想象一位班主任兼语文老师，他早晨醒来，准时去上班，按时去上语文课，负责处理学生之间的纠纷并召开班会，负责本班家校之间的事宜……

然而，数学老师可能很糟糕，经常不负责任。对这个班主任来说，"这与我有什么关系"，数学成绩不好，"怪我咯"？

不得不跟的晚自习，那就玩会儿手机吧。

一天结束了，学生回家或回宿舍了，老师也下班了。

日复一日，年复一年，多少人就是这么过来的。

我们可以想象另一位同样处境的班主任，他早上可能更早去学校，也可能晚一些去学校（这不重要），但无论他什么时候到校，教室里的学生都知道自己应该做什么。因为他了解并研究过学生的作息规律，协助他们更好地利用自己的时间，尤其是一些碎片化的时间。

数学老师很糟糕，他不会坐视不理，因为他清楚地知道，这是他的班级，他要为每一个孩子的全面发展负责。所以，他会积极地采取措施解决问题。例如跟数学老师沟通，协助数学老师处理一些班级事务，鼓励学生更好地与数学老师配合并投入更多时间……直到向学校反映数学课的情况，请求学校干涉或换人。

他会积极地利用晚自习做一些事情，包括阅读，而不会无所事事地玩手机，因为他在乎自己的一言一行对孩子的影响。如果他确实需要使用手机，或累了一天了，要借晚自习放松一下，他也会获得学生的理解。

一天结束了，学生回家或回宿舍了。他会抽一些时间去宿舍看看学生（当然不是每天），更会抽一些时间与家长沟通，了解部分学生在家的情况，并就某些学生的进步向家长道贺。而且，他不只关注学生的学习，更关注学生的全部生活，甚至包括卫生状况等。

（二）

这两个教师有什么区别？

前一位教师，是一位称职的员工，他按照既定的要求完成了工作。下班了，学生与自己再无任何关系。

后一位教师，是一位拥有领导力的教师，他是一个班级的领导者，是这间教室名副其实的"船长"。他拥有明确的愿景，坚定的信念，成熟的问题解决技术，能够为班级和学生树立目标，并坚定不移地实现它。

在学校里，自然以前一种人居多。因为多数人只是被动地接受任务，完成工作，是一所学校里的"执行者"，因此很容易产生"路径依赖"，而很少在一定范围内"成为主体"和"做出决策"，而这正是领导者的特征。从精神层面讲，这部分人也较少对职业产生认同，更容易产生职业倦怠。

如果你是教师，你愿意成为前一种人，还是后一种人？

多数人往往选择成为前一种人，这种现象，就是"逃避自由"。即我们总是本能地逃避责任，恐惧成为主体，而更渴望成为"巨婴"。因为成为一间教室的领导，往往意味着挑战、挫败，意味着大量的精力投入，意味着要不断地磨砺自己的能力，而这一过程，并不轻松。毕竟，前一种只消"度过时间"，后一种则要"完成任务"。

回到"领导力"这个概念。将领导力当成"领导应该具备的能力"，是官本位时代的产物。在今天这个时代，校长只是一个职业，跟门卫并无本质差别。所有人都拥有不同程度的权力，当然包括门卫和普通教师。

我相信，会有越来越多的人渴望成为"领导者"，而不是"执行者"。因为无论在学校，还是在任何其他组织，运用领导力担起自己肩上的责任甚至使命，都不是简单的"奉献"，或者有些平庸之辈以为的"损失"，而是一种自由，是向整个世界宣示自己的力量。这确实更有效率地服务了学校或组织，但更重要的是，在成为领导者的过程中，自我经历了锤炼而得以成长，这难道不是一份珍贵的礼物？

做个好教师有多难

我从小对钱就不敏感。钱实在不够花的时候，就用记账的方式精打细算，甚至计算过吃馒头的数量，通常也就平安度过了。那时候就意识到，实际上维持生存所需实在不多，我们总觉得没钱，但又总有太多不必要的花销。

但有一些事，我始终耿耿于怀。例如，读书的时候，我必须考第一。不然，心里就总不平静，总琢磨着差距在哪里，然后全副身心都押在这件事上。好在读书生活总是十分单纯，吃饭狼吞虎咽，走路都比一般同学要快，稳稳地居于考试链的顶端。

真正的挑战不是来自于考试，而是来自于教学。因为我从小内向，嘴笨，表达不好对做教师来说是致命的。

（一）

我知道许多老师稍微瞥一眼教材就去上课了，我至今都做不到。

九四年是我教书的第四年的开端，之前教小学一年，地理系专科学习两年。我被分配到了一所农村初中担任地理教师。其实我想教语文，不过校长不放心一个专业不对口的人来教语文。而对农村初中来说，地理算个什么学科！之前，学生的平均分也就二三十分。而且，谁在乎呢？

我在乎。

当时，我满脑子就是两个问题：

——怎么让他们喜欢上我的课，至少不在课堂上睡觉或做其他作业？

——怎么让他们用尽可能少的时间，理解并牢固地记住教材中的知识？

实际上两个问题可用同一个方法：吃透教材。反复读教材，找出零散的知识之间的内在关联，并尝试以最通俗的方式表达出来。这耗费了大量的时间，但不知不觉间，教材中的数据在没有刻意背诵的前提下被不知不觉记住了，整个知识网络在我头脑中清晰了，而且生动了。

为了将知识结构化，方便记忆，我又大量地在教学中运用地图。这时候，我在学校没事时练习画地图的经历起了作用，我可以用粉笔在黑板上随意地画中国地图，以及一些洲或国家的地图。至于主要的山脉、河流，更是小儿科。这样，我就可以一边讲，一边画，同时收割学生崇拜的眼神。作为考试高手，我发明了不少记忆术，一一派上了用场。例如，我曾经在教师培训中演示过，如何让学生在几分钟之内，记住中国各省的名称和位置，并在地图上准确地标出来。

当然，要记住，还必须去理解。例如，季风、洋流、植被、矿藏、城市……这些地理因素都息息相关，这种联系可以通过地图讲得十分清楚，包括进行必要的推测，这也是一个特别有趣的过程。

教了两年地理，从第一年开始，学生的地理平均分就到了七八十分，在"副科"中颇为醒目，让校长也颇为欣喜。

然而，我想教语文。

于是报考了省教院中文系，然后，"侯门一入深似海"。

（二）

九八年教院毕业，应聘到了县中，我开始了六年的高中语文老师生涯，这是痛苦的开端。

现在回过头来就明白了，我如果一直教文综学科，就不会有这么多的痛苦。除了我读书多这一因素外，文综本身具有很强的知识性，易于梳理概括。而且，文综也有文综的趣味，认真准备的话，上课也枯燥不起来。如果是历史和政治，就更不容易上得枯燥，尤其对我来说。

但是语文不同。语文和数学都是工具性学科，但数学体系清晰，教什么一目了然。语文的特点是，很可能教了一辈子，还不知道应该教什么，而且教的许多知识，还可能是错的。最终发现，公认的有效的知识，就是"考试大纲"。但是语文是何等宏阔庄严的学科，就教这个，未免太失语文人的尊严了吧？

不管怎么说，生活开始凌乱了。每一周甚至每一天，你可能都要面对不同的课文，而且大半课文又不是自己喜欢的。课文到底该教什么，怎么教，周围也没有人能说出一个所以然来。老教师？每个人都自以为是地只关注自己所擅长的东西。

既然没有章法，那就自以为是地教吧。

等等，怎么可以讲一篇内心深处觉得根本不好的文章？

再等等，那古诗我很喜欢啊，但我讲不出我的喜欢啊！

课堂开始变得尴尬起来，学生眼神黯淡，无精打采，偶尔还有睡觉的。到底是县中的学生，还是很给老师面子的，课堂纪律倒不是什么问题。

当然，隔壁班也好不到哪里去。那老师，更关心家长里短，美容化妆。听课？相互学习？除了教研，平时那可都是防火防盗防同事，怎么可能向你开放教室！不过，不开放也知道，大家都是半斤八两。唯一重要的，是考试成绩，那是另一个不值得写的故事。

（三）

其实，没有人关心你。

学校里也有骨干老师，作为县中，还有这个王那个王什么的。这些，都是成绩、资历、口碑和人际关系的混合体。

然而，天天得上班，你喜欢看学生无精打采的样子吗？然后和同事聚在一起，整天就说"这届学生不行"？

这肯定不是我。

必须赢得学生！

我不会叫醒任何一个在我课堂上睡觉的学生，除非因为我的教学，他自己醒来！

每天五点半起床，十二点以前不睡觉。

教材肯定得熟，熟透了，熟到经常可以无意识地大段大段地背诵。但是，只熟读教材肯定是不行的，围绕着教材，还得有大量的阅读和准备。例如，相关的诗文，提前准备好，做到上课可以随口引用（那时候没有课程意识）。

举几个例子：

我要讲一个文言虚词，就下笨功夫，将初高中教材中所有的文言文全部放到一个word文档中，然后利用查找功能，把所有出现这个虚词的句子都找出来，对它的意义进行分类，将例句放在后面。如果遇到常见字，例如"而"之类，也照样梳理出来，然后常见义项只选择代表性例句。现在回头来看，这已经近乎大数据思维了。然而这样一梳理，不管学生咋样，我首先知识清晰了。而且重要的例句也不会有遗漏，可以随手拈来。

自己订了一些杂志，类似《文史知识》《名作欣赏》之类。只要里面出现对课文的鉴赏，就记录下来以备查询。上课前，按图索骥，先读若干解读文章，反复揣摩，然后再形成自己的思路。解读文章中写得精彩的地方，经常大段大段地抄录在教案本中，字写得很小，密密麻麻。后来又购买了《文史知识》二十年的光盘，并神奇地突破了技术限制，制作成可以检索的word版。当然，要讲哪首诗歌或古文，直接搜索资源，十分有限。

不仅如此，有点名声的作家，在备课前，一定要研究传记。鲁迅的研究资源，无论国内国外，凡是能够买到的都买了，书就有半人高，经常往西安跑，到汉唐书屋，以及新华书店搜集鲁迅研究资料。结果，读到了许多新见，例如，关于鲁迅"现代性"的论述，就是以前未接触到的。

经过这样的刻苦努力，课堂变化很快。因为我会旁征博引，又发现了教材及教参的许多错误，而且不断地抛出许多新鲜的观点，再刻意地与学生的生活、生命建立关联，课堂就逐渐生动起来。

与此同时，我也在努力地发挥自己写作的特长。在最初的作文尝试失败后，我加强了随笔写作，开始"师生共写随笔"（那时候还没听说过新教育）。这件事对学生的写作水平帮助很大，但这是次要的，更重要的是，开始更好地与学生建立联系。我经常说，我最好的文字，是写在学生的随笔本上的。当时 30 岁左右，正是最好的年龄，也是精神最饱满的时光。

（四）

这六年中，还有一些重要的突破，值得一提。

我率先突破的，是鲁迅作品。作为愤青，鲁迅的作品肯定比较对我的胃口，我也比较擅长思想类文本的分析。现在回头来看，当年的分析，跟现在根本无法比，现在会自觉地运用思想工具，当年更偏于激情，以激情来整合别人的观点和自己的兴发感动。因为教参分析比较单一，我往往会引入更多维度和层次，让鲁迅不至于脸谱化、概念化，尤其是意识形态化。

然而，我十分喜爱诗词，却讲不好诗词，很苦恼。买了一堆类似《唐诗鉴赏辞典》之类的东西，再加上《文史知识》之类，也不管用。

一个偶然的机会，我从一位朋友那里偶然地看到一本旧书，读了一部分，就再也放不下了。借走，就赖着不还了，一直拖了好几年才还给人家。

这本书，叫《唐宋词十七讲》。因为这本书，我第一次听说叶嘉莹这个人。

我读过许多名家谈诗词，讲得都似乎很好，但总觉得缺少一点什么。到叶嘉莹这里豁然开朗！诗词要讲好，必须进入诗人词人的生命，并与自己的生命相互打通。我开始反复读这本书，琢磨叶嘉莹讲词的"套路"。在课堂上，我开始讲叶嘉莹讲过的词，几乎完全照搬叶嘉莹的讲法，效果出奇的好。久之，开始脱胎而出，拿到任何一首诗词，就知道如何教了。

后来，又突破了古文，避开了翻译和讲字词的传统套路，而从文章学入手。

六年的变化，在当时看来是缓慢的，似乎每天都处于各种焦虑之中，不断地汲取，尝试，无数次地失败。有时候准备得好好的，花了大量时间，课却上得很无趣。有时候又似乎突然来了灵感，课堂一下子活起来了。更多的时候，是这个班没上好，但在另一个班，效果却截然不同。

不过回头来看，六年，从普通班到重点班，到实验班，最后到青云班和火箭班，学生越来越优秀，也推动着我，一步步地迈上了职业生涯的一个高峰。

（五）

这似乎是一个完美的结局。

其实不然。

到一定的程度，必然会有学生喜欢你，甚至疯狂地喜欢你。为了了解所有学生对我的看法，我甚至开始每年做问卷调查。但哪怕在问卷中，被许多学生誉为他们遇到过的最好的语文老师，仍然无法平息我的焦虑。

我遇到了长期以来一个十分核心的问题：我该如何让自己满意？

什么叫"让自己满意"？

说得清楚一些，你要让学生满意，你只需要比其他老师做得更好一些就行了，但是，让自己满意，就非常困难。

为什么自己会不满意？

因为有些课上得好，有些课上得不好，很难完全地稳定地发挥。而且，经常是学生可能满意了，但我知道，自己并未真正地抵达一个文本的内核深处，这是一件十分痛苦的事。

怎么说呢？无论是一个文本，还是一个事件，都有着最适合自己的完成方式。对自己满意，就是以文本或事件自身的逻辑来完成它。后来明白，这就是所谓的"如其所是"。

但这在当时，太难了！可以说，大多数时候，我对自己都是不满意的，真正能让自己满意的时刻，总是极少的。这就带来了一种隐秘的痛苦。但是，我自己又无法突破自己。

于是，当我进入职业生涯的一个高峰期时，我离开了县中。

原因很简单，我希望令自己满意，我希望能够探索到每一件工作背后的奥秘。

于是，我去了成都。从此，生活重新开始了——

在成都一年半，我的专业收益，比前十年的总和还要多，并且，伴随着深刻的痛苦。

之后，与干国祥、马玲成立新教育研究中心。

可以说，从这一阶段开始，我真正地进入了专业发展期。上文所写的，可以称之为"专业发展前传"，它描述的是，一个新教师如何在环境中努力地挣扎，尝试突破自身。

之后，我开始——

进入到课程论与教学论领域；

开始研究人是如何学习的，或者说，进入认知心理学和脑科学等领域；

开始在更开阔的背景下理解教育；

从语文教学来说，开始接触《人间词话》《文心雕龙》，开始接触现象学和解释学，接触康德美学与海德格尔美学；

开始不再像以前那样大量翻阅资料，而是直接面对文本本身；

开始涉足学校管理；

开始在更广阔的领域里思考教育问题，涉足数学，以及教育所可能涉及的一切门类……

这一时期，从二零零四年开始，一直延续至今。

（六）

最近十多年的专业修炼，与我在漫长岁月中一个人孤独的摸索全然不同。它是一群人在行走，是一群人在不同的处境中执著地走，并且逐渐形成了信念，是一群人在以专业的方式行走。

而最终，专业赋予人以自由。

例如，我不用再去海量地翻阅资源，因为专业赋予我们以审视知识或文本的框架。拿到一篇课文，教什么或怎么教，反应几乎是下意识的，并且可以在非常短的时间内，完成解读和教学设计，一般在听完一节课的过程中就准备好了。

可以说，"前传"中的恐惧，基本上消失了。而专业带来的效率和深度，则是以前难以想象的。尤其对我来说，拥有了以前梦寐以求的在工作面前的自由感。虽说学无止境，但从不自由到自由，分界线还是十分明显的。可惜的是，这时候我已经离开了讲台，走上了管理及教师培训的舞台。

相对于"前传"，二零零四年至今的发展，可以算做我的职业生涯的第一季。

我恐惧重复，也觉得第一季的那点收获，似乎不值得一提。那么，第二季，生长点在哪里？第一季成果的深度耕耘？写作研究？深度学习？管理？我不知道。生命似乎重新进入了一个道家时期，重新开始了漫游……

而这一时期，又有了新的沮丧。

例如，我经常觉得，我所谓的"前传"，实际上是一段长长的弯路。更年轻的教师，可以轻而易举地弯道超车。我一直相信，有一些教师（虽然人数可能不多），有可能在短短几年内，完成甚至超越我花了二十年走完的路。至少从专业发展的角度来讲，这是可能的。而我关于教师培训的思考，就是经常考虑如何将这种可能变成现实。

（七）

在最近一些年涌现出的诸多概念中，有几个概念我认为十分重要：自组织、深度学习、核心素养、审辩式思维、认知革命。

我相信，这注定是一个裂变的时代。商业已经风起云涌，教育仍然波澜不惊，概念远大于实际的探索。而这对于教育人，尤其对有志于教育的年轻人来说，是一个千载难逢的好机会。

然而这个时候，我意识到了一些悖论。

一方面，一个人对专业的理解越透彻，越会意识到每一个生命所蕴含的无限可能。就是说，我相信任何人只要开始学习，而不是一边忙忙碌碌，一边实际上根本不在学习，那么，假以时日，他所能达到的将超出今天的期待。

另一方面，我也意识到，真正的学习者，在任何时代，都是少数。这似乎是一种拣选，总有些人成为受到召唤并采取行动的人，而更多的人，已经习惯于被沸腾的时代推着往前走。眼前的苟且，或者说鸡零狗碎，很容易遮蔽眼光，进而遮蔽生命之可能性。

于是，我重新评估自己的"前传"。

或许，在"前传"中，真正有价值的不是那些方法，而是那颗不安的心。

成为一个好老师实在太难了！但是，只要我在讲台上一天，我便无法忍受自己的平庸。在微信上，我曾回复一个老师说："学生不是准备好了才来听我们上课，而是因为我们准备好了。"我实际想说的是，在我们没有赢得战斗，获得自由之前，课堂会带给我们许多痛苦。但是，不要轻易地通过修改认知（例如责怪学生）来掩盖或摆脱痛苦。痛苦是有价值的，它会让我们不断地奔跑，不断地发展。

是在痛苦中赢得一切，还是在逃避痛苦中麻木下去？我认为这正是卓越与平庸的分界，没有第三条路可走。

写"前传"，不是一个功成名就者（这一天可能与我无缘）的炫耀，而是一个仍然跋涉在这条艰难险峻的道路上的学习者的回顾，希望给更年轻的学习者以启发。

茧子厚了，心才会真正地柔软下来

昨晚练习吉他，不知不觉练习了几个小时……

交代一下背景，大致相当于新年愿望，每年，我都尝试挑战一件事物。去年是健美操，至今仍然在坚持。今年是吉他，这周已经能够弹唱第一支曲子了，叫《嘀嗒》，下周应该可以弹唱《心愿》，这是我最近的心愿。这当然有风险，中途放弃了，或最终没练成，人家会笑你吹牛皮；万一你练成了，人家又会说你不务正业，堂堂的校长，难道不应该"日理万机"吗？好在我不在乎，不必生活在别人的眼光里。

说到吉他，人家都是一月速成，我花了数倍的时间来练习，可以说相当野蛮。就跟学习健美操一样，我毫不怀疑自己一定会学成（过程中的怀疑是经常的，但根本处有一种坚定），哪怕在最苦闷的时刻，放下或拿起吉他，内心也有一个坚定的声音：我会学会它！

（一）

指尖很疼。

疼到我经常要在冷水里泡一泡，再不停地揉一下才行。但是，仍然会缓慢而坚定地摁下去，直到似乎麻木了，以为可以地老天荒地弹下去。

想起那本《禅与摩托车维修技术》，弹久了，指尖似乎也催生了一些禅意，关于生活的。最近与一些朋友或同事交流，感受到各种不同的痛苦，有来自学生的，有来自同事的，有来自未来前途的，我心静如水，跟他们分享我弹吉他的经历。

我是一开始练习吉他就感受到绝望的，因为在摁和弦的时候，花了很长时间，也做不到手在摁下去的时候，不碰到其他弦。疼是不必说的。直到有一天，忽然间就不碰了。再过了一些日子，和弦转换忽然就完成了，然后，再转其他和弦，就变得容易多了。

　　什么缘故？

　　看一看与事物接触的手指，已经磨出了几层茧。

　　那么问题来了：茧子，不是让指尖变得更麻木了吗？

　　禅意就在于此，茧子厚了，指尖却真正地敏感起来了，开始能够感觉到那一摁、一弹之中的轻重缓急。曾经浑浊的、粗暴的、闷哑的声音，忽然变得清亮起来，抑扬起来……你不再是对事物进行粗暴的操作，而是用心在分辨它，体会它，跟它交流，与它对话，生活一下子有了诗意，变得高山流水起来。

　　抑制或失去了一部分感觉，却拥有和锤炼了另一部分感觉。然后，你学会了控制自己的指尖，并在事物中朝向自由。

（二）

　　焦虑、怨恨、不平……

　　自卑、恐惧、退缩……

　　以上都是生命的指尖应该在与事物的接触中被磨掉的东西。它们导致混淆，让你缺乏清醒的判断力，将不同的东西混为一谈，从而在事物中迷失，做出错误的决定，就像本来一心要弹二弦，却同时碰响了一弦和三弦，结果乱成一锅粥。

　　指尖磨出茧子，本质上是要摒除不必要的情绪，提升对疼痛的忍受级别。唯有提升这种级别，才能进入事物更深处。就像你对刺满不在乎的话，就可以直接伸手摘到玫瑰一样。

　　玻璃心，不，玻璃指，导致了太多不必要的冲突。因为在非本质的事物上，我们过于重视自己的感受，结果导致了不安，导致了为摆脱不安而采取仓促的行动，导致了对深层事物的伤害。你要走很远的路去参加华山论剑，就不要在路上随便跟人动手，仅仅为了脆弱的自尊。带一个班，会遇到各种各样的学生，更宽容，不是纵容，而是意味着提升反应级别，以确保在重大反应中，能够拥有更强大的力量。

这似乎是理智战胜了情感？

非也，这是情感战胜了情绪。心灵也需要一层茧子，对生活中各种细刺保持麻木，以便对真正有价值的事物保持敏感。指尖茧子厚了，心却柔软了，更能感知每一个音符的颤动，如是而已。

有人问，怎么看待那些平庸而蛆虫般恶心你的小人？

我说，你跟谁斗，决定你的层次。我通常是忽略，他在舞动，以为背靠大山，志得意满，但你的眼里没有他的存在，你的思想在云端，在更高处，在更有意义的地方。没有回应，不分配注意力。这并不代表着你没看到，仅仅意味着，那只是指尖无生命的死皮中一个死去的细胞。

挨得起刀子，就没必要防御，大踏步往前走就是了。

（三）

一颗自由心，始终是生命中最珍贵的东西。

在自由心之中，蓄满了善意，那是充满生机的生命之泉。保持生命之泉的充沛，才是最重要的东西。而这泉水的来源，就在于创造中，在于和事物的交谈中。心灵所做的，只是持守，而指尖的茧子，只是必要的护城河。

"把一切非生命的都击溃。"这是《死亡诗社》中一句著名的台词。

显然，这是青春期的姿态。而成熟意味着，无论多久，哪怕老去，都坚持让自己的思想与行动，成为活力的一部分。唯有活力，思想的活力、德性的活力、行动的活力，才是世间真正珍贵的东西。

为了守护她，有时候必须经历疼痛。

生活在那里，苦难也在那里，勇敢地伸出柔嫩的指尖，去碰那最细的弦，去起泡，去一次次死去活来，磨出茧子，直到生命成为一支世间最美的歌。

2020 年 10 月 14 日

严格的老师和粗暴的老师

老师应该是严格的，这是我向来的看法。

严格，并不意味着一副灭绝师太脸，一个严格的老师，可能言语是温和的，态度是亲切的。严格的本质，是对发展过程（无论是人格发展还是学业发展）的敏感和高效干预。

严格的前提，是对学生发展的严重关切与洞察，以及对事物（发展内容）的深刻理解。严格的起点，则是对学生的高期待，期待学生不断地挑战并完成似乎不可能之事。在这种期待之下，老师必然要对发展本身进行干预，因为学生往往会畏惧、懈怠或逃避，会被另外的刺激但无价值的活动所吸引，会迫于同伴压力转移焦点，因此需要指导、协助、激励，甚至控制、制止、纠正。总而言之，老师要提供必要的反馈，以便使学生不断地回到发展的正道上来。这当然不是指控制每一个细节，而是指控制关键部分。

举个例子，老师给学生一个任务，这个任务应该是适合挑战的，目标明确的，并且往往有路线图的。那么，所谓的严格，就是指持续的不妨碍主体性的跟进，并给学生提供各种反馈，以确保任务的完成。在这个过程中，不但包含了指导，也包括了必要的强制，甚至惩罚。

学生喜爱严格的老师。

因为严格的老师，能有效地帮学生获得成就，小到一个概念的掌握，大到整体的学业成就，当然，更包括做人做事方面的修炼。这些成就赋予学生以自尊自信，并帮助孩子形成内在的向上感。在这一过程中，学生也可能有抵触，有不满，甚至有时爆发冲突。但最终，这些反而成了关系的营养，成了发展中有意义的部分。

这样的严格的老师，我们称之为教练型教师。

可惜，与之相反，有这样两种类型的老师：一是把放任当成自由，结果导致了学生的散漫，甚至威胁到了老师的自尊。这在新教师中尤为常见。自由本是一种收放自如的状态，而放任却是一种失控的状态。他们往往既控制不了知识，又控制不了自己，最终，当然变得对学生束手无策。这只是一个阶段，新教师要突破这个阶段，重新获得掌控权。二是粗暴，这是一种比较常见的现象。粗暴是一种无理解的控制或反应模式。不理解学生，也不理解知识，但是，通过语言或肢体暴力，可以向学生显示权力，从而迫使学生按自己的要求来，例如遵守纪律，或者陷入题海。许多粗暴的老师，还自我定义为"严格"，辩解说是为孩子好，实际上这是对教育的严重异化。

严格是一种能力，而粗暴则是一种态度。前者往往既需要很强的专业能力，也要有强烈的责任感；而后者，恰恰是对教育的一种无责任感的简化，是应试时代许多老师的生存术。

在一切朝向严格的修炼中，都包含了责任、专注、坚忍、自律。这是一条少有人走的路，然而，也是一条真正意义上的自由之路。

要警惕，读书可能让你变得虚弱

我多次表达过这个观点。

文字的发明，书籍的出现，这是文明进程中的重大事件。因为这意味着人类大量的经验不必直接授予，而可以用符号的方式保存和传递，从而大大地提升了发展的效率。这就如同货币的发明，使得人类摆脱了以物易物的局限一样，是了不起的成就。

但是，这也很容易带来幻觉。阅读了文字，甚至背诵和在逻辑上理解了，就以为洞悉了事理万物，可以指点江山了。殊不知，文字或者理论，与真正的经验之间，还隔着千山万水，就像俗语所说的，"一盎司经验胜过一吨理论"。因为理论永远是灰色的或片面的，而经验之树常青，或者说是全息的。

这并非宣扬"读书无用论"，恰恰相反，读书非常有用，十分经济。问题在于，书籍是用来烛照实践的，但有时候人会在文字的光芒中迷失，如同飞蛾扑火。

为什么会这样？

因为人类本能地追逐安全感。在阅读的时候，人是安全的，逻辑的自洽，论证的优美，情感的充沛，让人感觉犹如生活在理念世界或精灵王国。而真实的生活并不考虑书上怎么写，充满了意外和不确定，你无法把握每一个细节。

这如同叶公好龙。墙上的龙，床上的龙，衣服上的龙，是美丽且安全的，而真正的龙则是粗野的，是不受叶公意志控制的。所以叶公会恐惧，会逃避，很难鼓起勇气，冒个险，跟真龙沟通一下，说不定从此就进入到另一个世界。

可以设想一下，如果没有真龙的来临，叶公该是何等的自信：天下还有像我这样爱龙，了解龙的人吗？

问题是，真爱龙的话，你就得勇敢地面对真龙，甚至主动去寻找真龙，直到不但不恐惧真龙，而且每找到一条龙，就会油然而生一种兴奋。实际上，恐惧是难免的，但兴奋也是真爱龙者的反应。在你与龙的关系中，充满了风险。你可能会受伤，甚至死亡，当然也可能会驾驭龙，空中飞翔。但是，忍受这种不确定性，是你驭龙而飞的唯一路径，你回避了风险，也就回避了自由。

总体来讲，活着就是一种冒险。而在活着的过程中，风险无处不在，小到过一次马路，大到建立一段关系。确实有许多人，为了回避风险，干脆连关系也不建立了。

在这种心理驱使下，读书很容易成为一个安全的港湾。"腹有诗书气自华"，整个人很容易膨胀起来，自我感觉良好。不过，真正地面对事务，一门学科，一个班级，一所学校，哪怕只是一件小事，可能会突然发现，"百无一用是书生"。

被不恰当的读书锁闭进精灵世界后，与生活世界之间的关联就变得脆弱了。一边是"骄傲的巨人"，一边是"无能的小人"。意识到这一点，未必会带来反思，可能带来的是对现实的进一步抵抗，对骄傲的进一步强化。一个虚弱而自欺的人，就逐渐形成了。

伴随着虚弱，出现了新的解释模式，即"我"是没有问题的，"现实"却问题多多。进而，我们会幻想一个乌托邦。在那里，我们的理想，会像七月的热带植物一样，迅速地蔓延开来。

虚弱的读书人，往往是怨愤的。

因此，我经常劝一些"读书人"，放下书，去真正地生活，而不要把书当成生活。

去战斗，在每一个战场，赢得一场又一场的胜利。你会恐惧，会逃避，会怨怒，但是，你也有可能在不断的胜利和失败中增长经验和恢复勇气。

直到有一天，你忽然就明白了，实际上，所谓的真龙，没什么可怕的，真正影响你的不是真龙，而是你对真龙的恐惧。

直到有一天，你忽然就渴望了，你无法忍受确定的生活，无法忍受墙上那条龙，而是渴望不断地遭遇到形形色色的越来越厉害的真龙。

在这个过程中，你开始重新渴望阅读，但你甚至感觉不到自己在阅读。因为占据你生命重心的，不是书上的东西，而是现实中的问题。你阅读，只是借以启发自身，发展对问题的理解，借助别人更广泛的经验来丰富自身，以提升解决问题的水平。

甚至在一些时候，问题不再只是来自外部，甚至主要不是来自外部，而是来自自身之内。于是，你也可能借助阅读来理解自身：情绪、智力、格局、个性……在这种阅读中，生命本身被拓展了，渐渐地由小溪变成了大河，由大河变成了大江，甚至有可能变成宽阔的海洋。

最终，你有可能抵达自由之境，即对自身已经有相当了解，刻意地通过一些训练，不断地调整自己的大脑，就像高明的机械师调整一台机器一样。

往往在这些时候，你读的书，比任何时候都要多。但现在，书籍不再让你虚弱，而成为力量之源。

一旦意识到这一点，当我们将知识带给孩子们的时候，也同时赋予知识以能量。今天的学校教育，传递或灌输了太多静态的缺乏生命力的知识，而缺乏一种自觉。真正的教育应通过对现实的利用，通过相应的课程设计，让知识在课堂上活起来，在生活中活起来，在孩子的生命中活起来。

这不但需要对知识本身的理解，也需要相应的教学勇气。

不是吗？

天地如此广阔，终有一天，你的内心会有一个声音，对你全部的生命发出邀请：

欢迎来到真实的世界！

只有不成熟的人才渴望信任

我曾经写过一篇文章，叫《信任是世间最难的功课》，主要讲的是亲子关系。因为亲子关系基于血缘，所以信任就成了宿命性的，或者借用康德的话来说，是"绝对命令"。父母爱子女，这是一定的，但父母信任子女，往往就未必了。

那么，在其他关系中，例如家校关系，怎么理解信任问题？

（一）

我先讲一个真实的故事。

有一位网友问我：我并不想过单身的生活，但年岁渐长，一直没有找到合适的；现在，我父母希望我嫁给一个人，这个人，我并不喜欢他，但我还是准备回家跟他结婚。这样的人生，是不是很悲惨？

显然，她不只问过我一个人，身边的朋友各种意见都有。有的说，不喜欢你嫁他干嘛？有的说，这世上哪有理想的爱人，凑合着过呗。诸如此类。

猜猜我怎么回答？

我说：嫁，或者不嫁，只能你来决定，因为这是你的生活，你的命运。这个选择当然很重要，然而更重要的是，无论你做出了哪种选择，你都必须真正地接受它。所谓"真正地接受它"，就是对自己的选择坚信不疑。

例如，你选择了结婚，你就要尽最大的努力接纳对方，并主动地、不断地传递信任。你选择了单身，就要尽最大的努力享受宁静，并借以重建自己的生活。无论哪种选择都会有损失，那是我们为生活支付的必要的成本。最糟糕的情形是，你选择了结婚，但一直怨愤不平，觉得自己所遇非人，而生活中的任何小摩擦，都会印证你的判断；同样，你选择了单身，看到别人秀恩爱，就觉得难以忍受，觉得老天爷对自己太不公平了。

就是说，信任与不信任，接纳与不接纳，只是一种选择，在很大程度上无关事实。问题只在于，哪种选择，是相对较优的算法？显然，你不信任，生活不会变得更好，往往变得更糟糕；你信任，生活未必变得更好，但有极大的概率变得更好。没有什么所谓"真实的生活"，生活就是《西部世界》，我们都活在各自的故事线里。所谓的自由，无非是尝试自己掌握和修改故事线，以便生活能更好过一些。

遇到老师，遇到班级，遇到学校，遇到合作者，遇到另一半……在几乎所有的关系中，最糟糕的关系就是：离不开，融不进。最糟糕的理解就是：都是对方的错。这就是典型的怨妇思维。

选择他，相信他。

这是一种冒险，你可以决定是否投入这场冒险，但是，你不能既投入了冒险，又觉得这是一个错误。

而活着本身就是一场冒险，所谓的安全，只是幻觉。洞察到了这些，你会多一些审慎和坚定，少一些焦虑和抱怨。

当你变了，整个世界会随之而变化。

（二）

我要着重讲的是另一个方面：如果你是那个不被信任的人呢？

这篇文章，缘起于一位新教师的留言：她在某所知名的公立学校，家长很挑剔，横竖看她不顺眼，有的家长甚至还找校长，希望给孩子转班，转到有多年经验的老教师的班上去。她问，要怎么跟家长沟通，才能赢得家长的信任？

我说，只有不成熟的人才渴望信任。

这个道理，跟只有不成熟的人才渴望爱的原理是一样的。成熟的人，是有能力爱别人，而不依赖别人爱的人。也因此，他更能获得别人的爱。

但这不再是索取，而是一种相互成全。

当你渴望信任的时候，你要问自己：我为什么这么渴望信任？

表面的答案是，只有家长信任，才能够更好地配合自己的工作，谁能够一边辛苦地工作，一边面对家长的质疑？何况，家长的大部分不信任，并不是基于事实，而是基于自身的焦虑和不合理的愿望。实际的答案是，你太脆弱了，心怀恐惧，而期待外部的认同来减弱你的焦虑。你要处理的，是自己的脆弱与恐惧，而不是期待信任，或以迎合、许诺换取眼前的信任。

我觉得，你更应该恐惧的，不是别人对你的不信任，而是别人对你的信任。因为所有的信任都包含了期待，而你有足够的勇气和能力来兑现这些信任的支票吗？这世界上，有太多的人背负着信任的责任负重前行，其中就包括我。而不信任固然让你不舒服，也帮你放下了责任。不信任会造成麻烦吗？实际上，不信任造成的麻烦，远远比你想象中要少，因为不信任给你带来的最大的麻烦，乃是你的自我感觉不好，而不是实际的阻碍。而你的自我感觉不好，很大部分原因是你将自己的感觉建立在外部评价的基础上，缺乏必要的自信和勇气。

如果你是那个不被信任的人，你要防止——

抱怨别人不信任你；

想要努力赢得别人的信任。

你要做的是——

倾听各种声音，但是，不借他人来定义自己；

承认自己的不足，努力成为更好的自己。

不要试图说服别人，而要向下扎根，向上开花，让那些没有选择你的家长，有一天因为这一选择而后悔。然而，让他们后悔，并不是目的。你的目的，仍然是在一间教室里获得真正的成就与自由。

（三）

这已经够困难了，但还不是最困难的。

最困难的，是信任那些可能并不信任你的人。就像前面所说的，既然他成了你的学生家长，那么，就像一场包办婚姻，甚至只是他选择了而你没有选择。在这种情况下，敢信任，能信任，就是一种重要的能力。

是的，你会遇到不信任你的人。其中有许多人，迫于家校关系，只是假信任，骨子里是不信任的，甚至是在背后说坏话最多的人（毕竟，许多班都有一个影子家长群，专门用来传递负面消息和焦虑）。

敢信任，是一种勇气。

就是说，你的信任，在他看来，可能是笑话，或者可以加以利用忽悠的东西。而我们不敢信任，也经常怕遭受这样的结果。我们不是忍受不了不好的结果，而是忍受不了被愚弄的感觉。但是，真正的强者，敢于去信任。敢信任的背后，乃是一种义气，一种强大。人是必须强大的，不然，软弱给谁看？

能信任，是一种能力。

这意味着对关系的一种掌控感，以及对于风险的容纳。包括能迅速地解决可能带来的一切后果，而不因为对这些后果的恐惧而避免进入关系。

最终，你有可能达到一种收放自如。

就像那些真正自由的老师，能够迅速地进入一段关系，倾情以待，相互成全。也能够在毕业的时候不留恋，学会目送，及时地从一段关系中抽身，转入下一段旅程。毕竟，人都是时间中的动物。

很难，是吧？

我们都不是准备好了才投入一段关系的，而是投入一段关系才学会一切的。重要的，还是我经常提醒新教师的那四个字："不要恐惧"。

做不到？

这正是许多人终其一生，生活在不自由的状态而始终平庸的原因。

思考人生大问题，不妨利用"第一性原理"

（一）

《大问题》读书会，讨论到笛卡尔和休谟，讨论到普遍因果性原理，我联想到企业界有段时间比较热的"第一性原理"（借用的是量子力学术语），据说是由有"钢铁侠"之称的硅谷创业家埃隆·马斯克提出的。

一般人思考问题，通常是类比思维，即要寻找一个参照系，随行就市。举个例子，我应该拿多少工资？支付我工资的人，会有一个参照系，即相近水平相同岗位的其他人普遍工资处于什么位置；我也会有一个参照系，即那些想要聘用我的人愿意支付给我的工资分别是多少。（当然，我为自己工作，工资是由自己团队确定的，上述逻辑都不适用，只是用来假设举例。）

而第一性原理，则强调从问题的最本质的核心出发进行推理思考，不被过去的经验或各种参照系所干扰。例如，今天的我，当然不会把自己的"市值"作为考虑工资的核心标准，我要考虑的是——我究竟至少需要多少收入，才能让我可以安心做自己喜欢的事而不必考虑生计？

然后我发现，别人愿意支付给我的工资，早就超过了我对收入的需求。这并不意味着任何单位可以用更低的工资聘用我，而意味着，我可以选择接受谁的聘用，而不必把工资作为主要衡量指标。同时也意味着，没有人可以以工资作为工具来控制我。

当然，在不同的工作场景中，我的收入是有逻辑的，并不依照我自身的意愿。我仍然有可能逐渐有所积蓄，未来也可能参与投资。等我老了，也可能积累了可观的财富。但是问题在于，我跟财富的关系就发生了变化，它成为我的臂膀和工具，让我可以做我想做的事情（包括帮助别人），而不会成为贪婪、争执、堕落的根源。

如果我所做的事太让我喜欢了，我可以一直忍受更低的工资，直到不能维持基本生计为止。而这样的生活，甚至因其简单而有一种特别的快乐。

见惯了太多财富拥有者的贪婪，我更喜欢自己的选择。或许对有些人来说，钱让人自由，可以为所欲为。对我来说，钱对自由的贡献是极其有限的，有限到满足了基本需要后，其作用就逐渐下降了。它仍然是重要的工具，但已经不再是本质性的了。

在我看来，对金钱的过度热爱，是匮乏时代的哲学。今天，我们有充分的理由，在这个物质丰富的时代里，重新确定自己的"第一性原理"。

（二）

2005年的寒假，我面临一个选择，是继续留在成都那所私立学校教书，还是去西安某名校任教，重新回归体制？

在一般人看来，这几乎不需要选择啊。西安某名校提供一套住房，交一半费用即可，又是名校，各方面有保障（包括收入）。而成都这所私立学校，并不在成都私立学校的第一梯队。更重要的是，我当时带班很失败（这也是去西安某名校应聘的原因），觉得前途一片黯淡，刚好重回体制，带一批批优秀的学生，"得天下英才而教之"，多好的事啊！

这就是一种类比思维。

我最终没有回归体制。在做出这个选择时，我进行了漫长的思考。而思考的核心，仍然近似"第一性原理"，即不要将眼前的选项进行简单的世俗意义上的比较，而是要问自己：你最深的需要是什么？怎样的选择更能满足你？

我最终意识到，我真正渴望的，不是高薪或安全感，这一需求只是我对眼前遭遇的挫折应激反应的产物，是情境性的。实际上我无法忍受的，是生命无意义的停滞重复。通俗地说，我渴望无止境地成长。深刻地说，我期待生命拥有意义。而西安某名校的生活，是可以一眼望到头的。如果做了这个选择，跟当初留在老家的县中有什么区别呢？我只是离开一个窝，又选择了另一个窝。

这里要解释一下，并不是留在县中或西安某名校，人就不自由了。我所谓的自由，是指人在知识或问题面前的自由感。在应试的体制下，教师的发展实际上非常有限，无论是时机还是机遇。所以，尽管我那时已经算非常好的老师了，但课堂于我经常是一种煎熬。敲开知识的坚果？呵呵，哪有那么容易！这份自由感，是我在南明教育中修炼多年后，才逐渐拥有的。

（三）

那个选择的结果是，我开始了漫长的漂泊。

满腔热血地投入新教育实验，感觉到重新找到了家园。毕竟，我们这群人，研究中心这群人，如此的理想，如此的拼，可以拿着很低的工资，做着很高品质的事情……在这场关系中我学到了非常多的东西，包括一种更为复杂的眼光。我也明白了，不是你有多好，多诚恳，你视为瑰宝的东西，于别人来说就是最重要的。这种差异，就是"第一性原理"的差异。

经历北京、鄂尔多斯、运城，感觉到生活就是不断地建设和任其毁坏。

在我的描述中，我似乎是一个内在原则十分强，坚定不移的人。实际上根本不是。在县中的时候，我曾有机会步入仕途（高中会写材料的男语文老师，走此路的不少），但想了想放弃了。后来我跟人讲，幸亏我放弃了，否则现在反腐的话，我肯定就进去了。不是因为我有多坏或多贪婪，而是因为我重义气，很容易同流合污。而从事教育，跟孩子在一起，很大程度上净化了我。

离开老家，我其实也很容易堕落。不过，遇到一些更好的人，就不好意思堕落了，只是象征性地喝喝酒代表也能堕落。他们的存在，无论是人格或学识，都让我看到了生命的另一种形态，一种值得倾慕的形态。人就是这样，不由地，就生了向往之心，怎可那么容易地就堕落呢？

（四）

后来成立南明教育，订立了一份很奇怪的契约。董事会五个人，各持20%的股份，但永不分红，要退出，就改由别人持股，无论是谁，都是象征性地持股。大家都只领取工资，而且总校长的工资，不得超过教师平均工资的3倍。退休后，只允许拿教师工资的平均值。

让利于教师，尽可能地增加教师收入，这是制度设计的目的之一。

因为对于南明教育来讲，它的初心，它的愿景，并不是盈利，而是汇聚尽可能多优秀的人才，做出一流的教育，奉献社会。它也有自己的"第一性原理"，并据以裁定一切。

这并不意味着违反商业逻辑，而只意味着选择合适的合作伙伴，以及厘清商业逻辑，给予合作方稳定的可靠的甚至不菲的回报（毕竟教育品质高），但教育本身不能被异化，学校更不能被无限地榨取。

现在回头来看，这是完美的制度设计，是最理想的逻辑。

毕竟，我厌烦了这个世界总是一套逻辑，我期待着别样的生活，别样的意义，别样的快乐。毕竟，世界足够大，总能找到足够多的尺码相同的人，无论是投资者，还是教师，或者是家长。

（五）

经历的挫折足够多，然而经历之后，才意识到每一场挫折所具有的深远含义。

你想减少磨砺？只有一个办法，就是让自己变得足够平庸。你要成为珍珠，就得接受一次次的痛苦。曾应邀写一写影响自己最深的十本书，青少年期我只选了张承志的《北方的河》，里面引用了托尔斯泰《苦难的历程》中的一句话：

在清水里泡三次，在血水里浴三次，在碱水里煮三次，我们就会纯净得不能再纯净了。

当然很喜欢这句话，但现在，越来越体会到它所具有的深刻含义。

且慢！

苦难？

为什么我经常感觉到如此幸福？

人到中年，逐渐在练习隐忍。隐忍中包含了理解与自由。即理解人性中的种种幽微之处，并以慈悲之心对待之，但是，保留一份"非暴力不合作"式的自由。与其恨一个人，不如同情一个人，这是前几年就明白的道理。

这里，包含了另外一层领会，也关涉"第一性原理"：

在我之外，无物存在。

"世界是一座桥，走过去，不要在上面盖房子。"

（六）

可是，我还是想盖房子。

实际上，是一座小型学校的梦想。是帕夫雷什中学？不，类似阿什拉姆学校的梦想。它不是伊甸园，不是华德福或巴学园，它必须足够理想，又必须足够现实。理想到可以容得下诗歌、戏剧、艺术、木工……现实到学生有实力去挑战任何喜欢的专业或大学。

它无须管理。——因为我懂管理。

它的全部使命，就是在现实的框架下，努力地让每一个生命（教师、学生，乃至于门卫）朝向可能性的顶端。

而在这一天到来之前，所有的一切，都仿佛是练习。

而这一天或许永远不会到来，而生命，也永远是一种练习，或者叫成长。

是的，无止境的生长，或许才应该成为人类的"第一性原理"。

第二辑

———————————

课程的力量

什么是课程

我想要跳出课程细节，回归到关于课程的几个根本问题：

1. 什么是课程？
2. 如何设计一门课程？
3. 学习的基本原则是什么？

我觉得，我们可能，甚至每一年都要回归到课程的根本问题，这种回归会让我们不断地超越经验与情境的束缚，不至于迷失方向。

一、什么是课程

课程是一个被用烂了的词，以至于已经失去了意义。在具体的语境中，重点在于我们自身如何定义课程。

关于课程，干国祥老师如是说——

我们真正要关注的，不是一堂课，而是整个课程。

课程，就是我们穿越的这段旅程中的全部：意愿、计划、资源、行动、反思、建构下的经验。课程就是"道"，就是被我们用脚走出来的道路。

课程，就是通过这条路，走到道路终端的那个人。他就是我们思考的这个课程。

这段话包含了三层意思。

一是课程比课堂更重要，因为课堂是课程中的一个重点组成部分。但是，只关注课堂，就必然会导致重心放在"怎么教"上面，结果浪费了太多的精力而无所得。这一点，在文科课程上显得尤其明显。例如，你关心了怎么讲好一篇课文，但是，因为缺乏课程意识，导致无穷无尽的精力被浪费在价值不大的事物上。然而，孩子实际的读写能力却始终无法培养起来。

这并不是说课堂不重要，实际上课堂非常重要。但是，课堂效率的提升，是建立在课程得到深入思考并且已经明确了的前提下。

以数学和物理为例，最为严峻的问题不是课程问题，而是课堂问题。这是因为这两门学科课程问题相对清晰，因此重点就落在了"怎么教"上，即如何有效地提升课堂效率，确保关注到每一个学生。

二是课程即"道"，这里的"道"，倾向于说，课程是一个动词，是一个过程，是我们穿越的旅程的全部。课程的本质，就是"英雄的旅程"，课程源于一场遭遇，例如一个认知冲突，我们不得不在帮助者（教师／支架）的帮助下，重新调整自己的观念系统，直到问题解决，成为新的自我。显然，这样的课程，既关乎知识与能力，又关乎过程与方法，还涉及情感、态度、价值观的变化。换言之，是经验的深化。

因此，所谓的课程设计，即是设计一段旅程，一段从起点到终点的旅程。起点往往是问题，而终点，则是问题解决，这个过程必然是一个闭环。虽然，又向着未知开放。

当我们在把课程当成名词时，实际上是指课程内容，即"教什么"。例如，在写作教学中，"教什么"是指相应的写作知识与写作能力，这是作为名词的课程。而作为动词的课程，则是从提出写作任务，到形成新的写作能力的全过程。

三是课程即"人"，人就是课程。这个人，包括了教师和学生，在这里侧重于学生，因为教师是帮助者，人才是目的。但是当我们将课程的含义定义为课程资源时，侧重点就变成了教师。例如，"站在讲台上，我就是语文"。课程就是指教师本人的经验，包括了三个维度（即三维目标）。例如，一个严谨的老师，会让整个班级偏向严谨；一个散漫的老师，则让整个班级变得散漫；一个热爱写作的老师，会教出热爱写作的孩子；一个字写得特别好的老师，会教出一批字写得好的孩子。己欲立而立人，己欲达而达人，就是这个意思。

当课程是名词的时候，我们讨论的关键是"应该教什么"，这是明确课程内容，侧重于陈述性知识。

当课程是动词的时候，我们讨论的关键是"应该设计一个怎样的过程"，侧重于程序性知识，这是我们的重点。

当课程是人的时候，我们讨论的关键是"应该建构怎样的经验"，以及"我是谁"，侧重于策略性知识以及自我认知。

因此，当我们讨论课程时，经常在这些概念之间来回穿梭。

二、如何设计一门课程

弄清楚了课程的概念，那么，我们应该如何设计一门课程？

关于这个问题，最经典的回答仍然是泰勒的。在看他来，课程与教学的设计，必须回答四个问题：

1. 学校应该达到哪些教育目标？

2. 提供哪些教育经验才能实现这些目标？

3. 怎样才能有效地组织这些教育经验？

4. 我们怎样才能确定这些目标正在得到实现？

大家注意到，这个过程，就是"道"或者说道路，是一段旅程，是一个闭环。

什么是闭环？

你给农民提出一个任务，农民就有了明确的目标：要产出尽可能多的粮食，以供来年全年食用。

然后农民就开始准备资源：农具的准备、种子的筛选、化肥的购买……

不仅如此，农民还要考虑怎么把这些资源以合理的方式组织起来，例如：什么时候浇水？什么时候施肥？突然发现有了虫子怎么办？在这个过程中，农民必须对庄稼的生长，或者说目标的实现过程进行监控并随时做出反应。

在这个过程中，对于目标的达成，农民会不断地调整预期。例如，出苗的情况，让农民对产量有初步的预期，然后每出现新情况，例如出虫、干旱或多雨，以及其他种种情况，农民都会调整预期。比如：下一场冰雹，农民的预期就会大幅度地下调；风调雨顺，长势喜人，农民的预期就会上调。

最终，目标实现了，颗粒归仓。一年过去了，一个任务完成了。这就是闭环。

你无法想象一个农民——

他并不知道这块土地上最适合种什么庄稼，反正拿起种子就撒下去。如果把一个孩子、一个班级比作土壤，那么，所谓的因材施教，就是知道应该播种什么。而灌输，就是不管土壤是什么，我种的东西是不变的。读经运动就是如此。它不需要理解孩子，理解生命。

他也不知道应该准备哪些资源。他拥有资源，但他不是根据任务的需要选择合宜的资源，以及寻找和配置更适合的资源，而是有什么资源，就用什么。手里有一把锤子，看到的都是钉子。

在这个过程中，不断地出现各种状况。雨水多了或者少了，他诅咒老天爷；发生病虫害了，他骂虫子；禾苗长得不好，他怪种子。总之，他不是利用一切资源，帮助庄稼摆脱各种限制，而是怨天尤人，但却无法采取积极有效的行动。甚至于，他一行动，就加剧了灾难，例如揠苗助长。

到收获的时候，收获多了，他归因于自己；收获少了，他归因于天。他没有意识对这一年的种植过程进行反思，以便内化经验。

我们思考任何一个课程，都是对上述问题的回答。所谓的专业，就是把你的思考，镶嵌到这种形式结构中去。

三、以模块备课为例

为什么我们要强调模块备课？

模块备课的背后，是课程思维，而传统的课时备课的背后，是课堂思维。课堂思维会强调怎么教，强调课堂设计；课程思维会强调教什么，强调课程设计。没有用单元备课的概念，而用了模块备课的概念，是因为这两种命名，属于不同的话语系统。

那么，在模块备课中，会涉及哪些核心要素？这些核心要素，被以怎样的方式组织起来？这就是模块备课的框架关键。

根据上面的讨论，显然，模块备课仍然要回答上述四个问题，这种回答，就构成了模块的要素：

1.教什么？

即教学目标的问题，这关系到两个关键要素：（1）教学目标；（2）知识清单。

在教学目标这一要素中，要依照重要程度对目标进行排序，列出难点。而知识清单，是对教学目标的清晰化，以某种结构呈现（例如脑图或清单）。

确立教学目标，在某种意义上，是最困难的。我们以为自己知道教学目标，实际上往往并不知道，或者说，并不清晰地知道。例如，当你说目标是掌握某个概念的时候，往往并不懂得这个概念究竟是什么意思。"分数"这个概念究竟是什么意思呢？"掌握十个生字"究竟是什么意思呢？整本书共读在不同阶段的目标究竟是什么？当我们学习秦代历史的时候我们究竟在学习什么？所有这些，很容易不甚了了。

为什么确立教学目标是最难的？

假如学生的学习边界，是一个广阔的世界，里面分布着不同的城市（学科），又有着不同的区域（学科领域），有着不同的街道（模块或单元），住着不同的人家（课堂），确定教学目标，就像是确定一幢房子的价值。你发现，你很难根据房屋本身来确定它的价值，你要在整个世界的背景下来确定。因为房子的价值，取决于它的地理位置、自然环境、人文环境，以及房子本身的价值和结构。

换句话说，教学目标的确定，必须是背景化的。

一节舞蹈课的内容确定，就关系到形而上的道，即艺术的本质，关系到学校的办学方向，为什么要让学生学习舞蹈，有了这些背景，再去思考具体一节课的目标。你不用每备一节课就去思考艺术的本质或学校的办学方向，但它们作为价值观，是潜在地发挥作用的。这跟做人一样，你在小事上的处理，往往跟你的格局相关。

2. 用什么教？

即教学资源的问题，除了常规的资源（包括物质资源）外，这关系到一个关键要素：资源库。

资源库对不同学科的意义是不一样的。对于有些学科来讲，资源库是一大批书籍或论文；对有些学科来说，资源库是精选过的视频。总之，是一切有利于学生理解的东西。

在这里，特别要强调的是习题库。

简单地说，我们要穷尽本模块的习题。所谓的穷尽，是两个维度上的穷尽：一是类型上的穷尽，穷尽代表题型；二是难度上的穷尽，穷尽各种梯度。同时，将功能寓于习题库中，例如预习的功能、情境的功能、当堂练习的功能、检测的功能、挑战的功能……根据不同的功能，对题目进行不同的组合。插一句，这也是衡水中学的秘密、黄冈中学的秘密。

目标是靶子，资源是弹药，那么，现在就要准备射击了。

3. 怎么教 / 学？

这本质上属于教学论的范畴，涉及几个关键要素：（1）预习单；（2）练习单；（3）教学设计（word 或 PPT）。

在这里，有几个关键：

过关；

建模；

精彩观念的诞生。

以语文为例，字词与背诵更需要过关，读写更需要建模，道德人格更需要精彩观念的诞生。其核心，是设计、反馈 / 对话。

4. 怎么检测？

检测与评价的问题，涉及两个关键要素：（1）检测题库，可以与习题库合而为一；（2）试卷分析与对策。

检测的主要目的，应该是诊断而不是评判。因此，检测一旦没有通过，意味着要重新学习，重新检测，直到通过为止。

除上述要素外，还需要加上教学资源，供教师使用。

这是一个完整的模块备课过程。这个过程，会有学科差异。学科不同，会带来资料包结构的变化，但是内在的逻辑是相对稳定的。

模块备课是一种专业备课的方式。

在日常状态下，教师的教，学生的学，都是碎片化和经验性的。在某种意义上，这是一种舒适区内的学习方法。而模块备课，不是一种让人舒适的状态。除了要耗费大量的时间外，还因为模块备课会暴露备课过程中的许多空白。

这种暴露会带来另一个不好的倾向：将模块备课形式化。即将一些材料堆砌在模块备课的框架中，而没有一种严谨的学术上的推敲。

因此，模块备课本身需要教研。

教研的过程，就是反复推敲的过程。推敲的过程，就是理解模块备课，熟悉其中的因果关系的过程。

这个过程，将有可能使教与学变得可见。

四、学习的三条基本原则

这三条原则，取自《学生是如何学习的》：

1. 学生是带着关于世界如何运作的前概念来到教室的。如果他们最初的理解没有得到考虑的话，他们就很可能无法掌握新的概念和信息。或许他们能够为了考试而记住这些新知识，但是考完以后又会回到原来的前概念。

2. 为了养成探究的能力，学生必须：（1）具有深厚的事实性知识基础；（2）在一个概念框架内理解事实和观点；（3）对知识加以组织以便提取和运用。

3. "元认知"的教学方法可以帮助学生通过确定学习目标及监控达成目标的过程，来学会控制自己的学习。

（一）

先讲第一条原则。

我们有时候很惊讶学生总犯某些错误，或者很难掌握某些概念，这往往是因为学生的前概念，或者说先前经验阻碍了新概念的掌握。

我们都知道，学生先前的经验，即所谓前有、前见、前概念，往往既是理解新概念的基础，又是理解新概念的障碍。例如，自然数的概念既是理解分数的基础，也是理解分数的阻碍。

而真正基于理解的学习，就是对前概念的更新、修正乃至于颠覆。

举个例子，如果学生某一块掌握得不好，老师往往会强调做大量的练习。但是又发现，大量的练习虽然有一定的效果，但是学生的出错率仍然很高。尤其是题型稍加变换，又不会了。这是什么原因？

原因就是没有从根本处解决学生的问题。学生的问题可能出现在两个方面：

1. 前概念阻碍了新概念的吸收，因此始终在以前概念解决问题。

2. 没有建构起解决这个问题的核心概念。

在这种情况下，大量的练习之所以有效果，是因为学生从大量的练习中总结和习得了表面特征，并以此来判断，但没有真正地理解题目的形式结构。就是说练习严重依赖于情境，而不是理解，依赖于知觉，而不是运算。一个二年级学生，做应用题时，可能看到"多"字就用加法，看到"少"字就用减法，这在多数时候是对的，但问题是，有时候"多"要用减法，"少"要用加法。学生没有理解题目中的数量关系，只是观察到了表面特征。如果我们合理地帮助学生理解了数量关系，建构起了数量关系的常见模型及表述，再辅之以适度的练习，这个问题就迎刃而解了。

我习惯于举的另一个例子来自《人是如何学习的》，关于地球概念的建构。当老师跟学生说，地球是圆的，那么在低年级学生的头脑中，地球可能是一个什么样的形象？是一个煎饼，人站在上面。老师通常意识不到"地球是圆的"这个事实，在孩子头脑中完全是另一个样子。如果老师意识到了，补充说，地球就像一个篮球一样，是圆的，孩子可能会怎么想象？他想象中的地球确实是圆的，但人站在地心的平面上而不是站在地球表面。

为什么孩子无法想象人站在地球表面？因为他无法理解，为什么人站在地球表面上不会掉下去。因为他缺乏关于引力的观念。

理解到这些，对学困生的教学特别重要。我们很容易把学困生定义为笨，但这多半不是真相。学困生的问题，基本上都出在这里：有些概念没有真正地明白，反复地练习和讲解没有用。一定要追溯到他的症结，就像心理医生查找精神病人的童年经验以找出情结一样。

怪孩子是最糟糕的，要意识到，学困生是我们专业发展最好的导师。

（二）

第二条原则至关重要。

这条原则又涉及三个部分：（1）具有深厚的事实性知识基础；（2）在一个概念框架内理解事实和观点；（3）对知识加以组织以便提取和运用。

前两条表达的，是教育学上的核心冲突，即记忆与理解的冲突，事实与观念的冲突。学生到底要不要背诵乘法口诀表？诸如此类，背后都有观念之争。

我们比较一下高三学生和历史学家，同样做一份高考历史题，高三学生的得分，往往高于历史学家。为什么？因为高三学生与历史学家的差别在于，高三学生能够记忆大量的历史事实，而历史学家往往忘记了许多历史细节，但是拥有生动的历史思维。用《教育的目的》中的一句话来说就是：忘掉了你在学校里所学的一切，剩下来的就是教育。也就是说，忘掉知识，形成智慧。

显然，在这里，同时强调了"深厚的事实性知识基础"以及"概念框架"。

如果学生记忆了大量的事实，但是缺乏理解事实必要的概念框架，那么，就是机械学习而非意义学习；如果学生缺乏大量的事实性知识作为基础，一味地强调理解，那么，理解可能会变得空洞和缺乏细节。久之，容易眼高手低。

教学的艺术在于，如何确定这二者的内容及比例。

优秀的老师，明白究竟应该让学生掌握哪些事实性知识，并且进行过关巩固。这包含了一系列的动作：

1. 确定核心的事实性知识；

2. 将这些事实性的知识以一定的方式放入到结构中（包含了解释）；

3. 以过关等方式确保掌握。

如果你连朝代顺序都没搞明白，怎么能够说自己拥有分析历史的能力呢？前者就是你分析历史的事实基础之一。

但是，如果事实性知识过于宽泛，则会增加学生的学习／记忆负担，影响理解，并且湮没了重点。

因此，在这里关键是明确"核心事实知识"。例如，对语言学习来说，核心词汇、核心字源就是必须掌握乃至于加以记忆的，因为它们是建构整个知识大厦的基础。当我这样说的时候，又回到了知识清单这个话题，回到了教学内容的确定这个话题。

然后更难的是建构"概念框架"。

因为现在的教材，往往充斥着事实，但是缺乏生动的解释。而概念本身就是解释工具，掌握了这个解释工具，就能理解事实，进而形成智慧。

举个例子，在历史学习中，你知道明朝的建立，知道强化皇权，知道明代科举制度，知道郑和下西洋，知道戚继光抗倭……但是，如果你不能将这些联系起来，看到这些事实背后的大观念或历史逻辑，那么，你的学习就是碎片化或低效的。

（三）

第三条原则所表达的，是一种学科智慧：在知识面前享有自由，可以灵活生动地加以调用。

这一条原则，涉及一个核心概念："元认知"。

所谓"元认知"，字面意思是对认知的认知。我想讨论的重点，是让学生完成对自己学习过程的控制。这还关系到另一个核心概念：深度学习。

容易出现的一种状况是，老师教得很累，学生学得很累，教学成果并不突出。

为什么？因为不是学生在跑，是老师推着学生跑。

农民的生活很艰辛，但农民很少有自杀的。这是为什么？因为农民的生活拥有意义感。春天播种的时候，他就对秋天的收获有预期（虽然有时候预期也会落空）。在整个过程中，他要经历无数的忙碌，但是，因为有预期，每一个当下的辛苦就有了目标和背景，也就变得可以忍受。但工人不同，他可能终其一生，像螺丝钉一样只生产电脑的某一个部件，永远无法经历电脑诞生的全过程。在这个过程中，人就被异化了。

异化人的永远不是辛苦，而是无意义感。而无意义感来自于丧失了对全局的控制感，这就是一种不自由的状态。

所以要让学生看到全局，看到进程，对结果有预期，并对自己的学习行为有反思和调整。

防止这样一种状态：每天给学生布置作业，然后学生并不知道这作业的意义。你让我掌握十个单词，我就记，然后第二天在你跟前默写，然后第三天我就忘记了，如此反复。学生不知道这个作业在一个完整的学习单元中的位置，也没有把这个作业和最终的结果联系起来。为做作业而做作业，你说错了我就改，但通过作业达到什么目的我是不知道的，不会判断哪些题目不必做，以及哪怕作业都对了，自己在哪块知识可能有疏漏。

有一种学习非常高效，叫"考试化学习"，即以不断的测试驱动学习，强调目标定向，便符合这个原理。

为什么童话剧的学习往往是成功的（包括英文戏剧）？

因为学生知道全局。

那么，如何在模块学习中，让学生知道全局，掌握全局，甚至是知道自己是不是需要再加强练习，而不是对自己的学习茫然无知，只依赖于分数或老师的评价？

这是一个特别重要的话题，也是从学的角度，对模块学习的进一步思考。我相信，随着教研的深入，不少老师将在这方面有很深的领会。

全人之美高中阶段应该是什么样子

我们在讨论高中阶段应该是什么样子的时候，必须回到几个根本性的问题：

1. 教育的目的是什么？
2. 怎么理解素质教育与应试教育之争？
3. 高中学生的人格养成和管理应该是什么样子？
4. 全人之美高中阶段的课程与教学，应该是什么样子？

一、教育的目的是什么

（一）

如果用一句话来概括教育的目的，那就是培养全面发展的人。全人之美是什么含义？就是在新的时代语境下，在这一目的经常被遗忘或异化的情形下，对这一目的的重新申明与坚守。

全人教育，是教育的题中之义。教育永远不应该是片面的，永远应该着眼于人的全面发展。但是，教育又不断地处于变化之中，既要传递相对稳定的文化或者核心价值观，又要根据时代的不同、每个生命的需要，做必要的调整。

但是大体来讲，有学校以来，教育至少经历了两次重大的范式转型。早期的全人教育，无论是孔子的六艺，还是西方的百科全书式的教育，本质上都是博雅教育、人文教育或者说贵族教育，其核心侧重于修身或教养，而不是解决现实问题。

工业革命以来，伴随着民主化浪潮或者说现代化进程，整个社会日趋平民化，并且，开始明显地追求效率。工厂里大量需要的，不是会吟诗作赋的人，而是诚实而勤劳，并且拥有一技之长的人。这时候，教育就不再是少数人的特权，而成了所有人的权利，后面又发展成为所有人的义务，即所谓的"义务教育"。课程也做了大量的调整，调整的核心，是分科化和技术化，我们后来称之为"知识中心主义"。全人教育的目的，从注重修身或教养，变成了培养德智体美劳全面发展的人才。

这个过程，实际上是为了提升工业社会的效率，把人工具化，人被异化，成为手段，而不再是目的。

但是，进入后工业社会，尤其是网络时代，情况发生了变化。

一方面，人摆脱工具性的存在，"为自己而存在"成为可能。这种可能，是以社会物资的极大丰富，以及选择的空前自由为前提的。就是说，人摆脱了生存的恐惧，就会更多地思考自身生命的价值与意义，从而对工具性的存在有一种反思，这导致了自由与解放。而整个社会事实上的开放，又为人提供了非常广阔的自由选择空间，人的自我实现需要普遍滋长出来，这很符合马斯洛的理论。

另一方面，整个社会对人才的需要也发生了极大的变化。机器开始变化，快速迭代，越来越智能化，几十年一成不变的螺丝钉对机器来说不再有价值。尤其是服务业的崛起，改变了整个世界的就业格局。今天的人才市场，更欢迎创造性的人才，具有跨界能力的复合型人才，而不再是螺丝钉。比如，你精通数学，可能没办法再一招吃遍天，你还要懂美学，还要会与别人沟通，等等。今天大多数岗位，要求的都不是单一能力。

这也迫使今天的教育必须做出调整。

（二）

我可以换个角度来描绘这个时代对教育的潜在需求。

这个时代和过去的时代最大的不同，在于"不确定"。哪怕在工业时代，人的生活都是相对稳定的。举个例子，我在工厂上班，我的儿子未来可能也在工厂上班，中国人称为接班。社会是分层的，各个阶层有各个阶层的生活，是很稳定的。在中国，你进入了体制内，当初也是很稳定的。

然而现在，世界是很不稳定的。用狄更斯的话来说，这是一个最好的时代，也是一个最坏的时代。工厂会破产，技术再更新，行业经常被颠覆，人才也经常被降维打击。许多工作消失了，许多工作出现了……你说，在这个不确定的时代，你怎么办？孩子们怎么办？工作在哪里？房子在哪里？结得起婚吗？生得起孩子吗？生得起病吗？整个社会的成本也在飞速提升。

不确定性是一把双刃剑，带来了机会，也带来了压力。教育应该如何帮孩子迎战这样的时代？

在这种情况下，有两个目标，就变得空前重要了——

第一个目标，就是教育应着力于培养"自我实现着的自由人"。

这是什么意思呢？就是说教育不能再培养螺丝钉，希望装在一台类似体制这样的永动机上，享受永久的安全感。这样的人，我们今天叫巨婴，就是期待别人安排和养活的人。教育应该培养拥有自己的人生目标，在不确定性的时代中，不断实现自身可能性的人。

这样的人，一定要有坚定的意志或者说极大的勇气，敢于在不确定的时代里，确立和追求自己的人生目标，以此来实现自己的人生价值，也让他人因为他而受益。所谓"自我实现着的自由人"，就是这样的有勇气不断将自身的可能性转为现实性的人，这种积极自由，是我们的目标。

今天有些孩子，总以自由之名为自己的堕落辩护，以为这是南明理念，或全人之美课程的理念，这是对南明教育极大的误解。但孩子这样辩护不对吗？这样辩护是对的，没有消极自由作为基础，就不可能生长出积极自由。同学有困难，我可以选择帮助他，也可以选择不帮助他。我选择不帮助他，这是我的自由，这叫消极自由。如果我没有选择不帮助他的自由，被命令必须帮助他，那就不是真正的道德，而是专制。但是，我明明可以选择不帮助他，却选择了帮助他，这也是自由，并且，这种是积极的自由。这意味着我通过自由选择，发挥了我的力量，向整个世界证明了我的价值。

第二个目标，就是教育要培养孩子终生有用的学习能力。

过去的时代，我们可以从童年开始，跟随着父母或师父，长久地修炼一项技能，打铁卖艺皮影戏，诸如此类。技巧随着时光的流逝日渐精湛，一生糊口是没问题的。这些技能，大都是动作程序，学习这些技能的过程，基本上是熟能生巧。

但是今天这个时代，越来越多的行业消失了，或者被机器包括智能机器人取代了。更多的时候，你根本不知道未来需要什么工种，什么能力。

这很可怕，是吧？

但实际上不可怕，因为大家都不知道。因此，无论什么行业或职业涌现，对于学习能力强的人来说，都是机会。我们无法预知未来机会在哪里，但是我们可以帮助孩子们做充分的准备。这个充分的准备，就是学习能力。我们现在经常所说的核心素养，或者说阅读能力、写作能力、思维能力、沟通能力、创新能力等，都属于核心素养，也属于学习能力。

二、怎么理解素质教育与应试教育之争

在讨论这个问题之前，我们必须再做一个区分，把应试教育区分为科学的应试教育和低效的应试教育，把素质教育区分为本质的素质教育和肤浅的素质教育。

所谓科学的应试教育，是指以应试为目的的高效教学；本质的素质教育，是指真正意义上以核心素养为目的的全人教育。低效的应试教育是坏的应试教育，只知道刷题，不知道研究效率问题，打时间战、疲劳战；肤浅的素质教育，避开真正的素养研究和知识研究，玩概念，搞花架子，忽悠家长，浪费学生的时间，还以素质教育之名。

就像我们前面讲自由，也有消极自由和积极自由一样。

我们在这里，只谈科学的应试教育和本质的素质教育的区别。

（一）

这种区别，有两个方面，一个是课程上的区别，一个是教学上的区别。

从课程的角度讲，应试教育是以考试大纲为学习内容的，而素质教育是以课程标准为学习内容的。全人之美课程，则涵盖了课程标准，又超越了课程标准，建立起了自身更高的标准。

应试教育的目标非常清晰，考什么，教什么。科学的应试教育的高效率，也在于这种逻辑的简单粗暴直接。

举个例子，应试教育教写作，完全紧扣高考作文要求和评卷标准，教特定的类型，连字数都是规定好了的。那么，怎么写论文？应试教育教不教？不教。文学评论教不教？不教。创意写作教不教？不教。逻辑教不教？不教。但是这些，素质教育要教，因为素质教育想建构的，是真正的写作能力，真实的写作能力。

再比如，山西中考体育考试分必考项目和选考项目，必考项目为1000米（男）、800米（女）跑和立定跳远，分值分别为20分和15分；选考项目为四选一，分值15分，在一分钟跳绳、掷实心球、坐位体前屈、仰卧起坐中选一项。从应试的角度，初一到初三，体育课主要练习这些就行了，一直练习到达到满分标准。学校会考虑开设丰富多彩的体育活动吗？动机是什么？你开的项目越多，中考越吃亏。

就是说，应试教育的课程内容，完全是为了考试；而素质教育的课程内容，则同时要考虑学生未来面对真实世界时的真实需要。素质教育考虑不考虑考试的问题？肯定要考虑，但考试的问题，不是唯一的目标。

教学上的区别在哪里？

在于应试教育是一个封闭的学习系统，而素质教育是一个开放的学习系统。

什么叫封闭系统？限定内容，限定时间，层层拆解，反复练习，就是一个过关反馈系统。把知识分为若干个知识点，逐一突破，地毯式练习，直到形成自动化反应。

什么叫开放系统？就是在教师的指导下，学生不只经历相应的套路训练，还要经常去探索不同的可能性。但是请记住，试错是有成本的，在探索的过程中，一定会有大量的时间消耗，这是应试教育难以容忍的。

应试教育绝对不会教审辩式思维和研究性学习。为什么？因为时间成本太高了。要教写作，在应试系统下，最好的教学方法是针对得分点来教，而不是教授真正的文章逻辑，这就是毫无逻辑的高分美文非常流行的缘故。

应试教育也讲概念理解，但是，机械的理解和生动的理解是不一样的。对于应试教育来讲，对十进制的理解，就是懂得进位和退位，并进行熟练的操作，学生如果不能完成进位和退位的自动反应，就代表没有真正理解。但对素质教育来说，就要让学生明白，十进制只是一种约定俗成的特殊进制，实际上可以有多种进制，包括二进制、十六进制等等。应试教育和素质教育，有不同的理解观。

考大家一道题：

两块冰浮在水中，冰块融化后，水面是上升了，下降了，还是维持不变？

你自己想一想，也可以考一考你的孩子，无论他读初中还是高中，甚至大学。

（二）

现在我们考虑一下，怎么看待应试教育和素质教育？

实际上，这是两种不同的教育策略，一种是短期主义策略，一种是长期主义策略。短期主义策略认为，孩子先要拿到进入大学的入场券，没有入场券，讲素质有什么用？长期主义策略认为，如果孩子早早就被剪掉了翅膀，拿到了入场券，又如何去飞翔？

从国家教育政策层面来讲，一直在尽力推动素质教育，打击应试教育，包括区域政策。

举个例子，衡水中学进军许多地区，所向披靡。但是，据一位朋友讲，上海市是坚决不允许衡水中学入场的。为什么？因为上海人认为，衡水中学会破坏上海的教育生态。这似乎是妨碍教育自由，包括国家要求摇号招生，以打击某些名校的掐尖行为，但本质上，都是对教育生态的保护。如果没有政府的宏观调控，教育就会进入丛林法则，最终，所有人都会陷入囚徒困境。所以，政府的介入，实际上是十分有必要的。

这两种策略，很像两个国家，一个叫斯巴达，一个叫雅典。斯巴达是军事制，雅典是民主制。斯巴达可以在短时间内依赖全民皆兵而崛起，但在更长的时间中，是雅典塑造了西方文明乃至于人类文明，这就是短期主义与长期主义的区别。

南明旗下学校的校训是：相信种子，相信岁月。根本的取向，可想而知。

那么，作为家长，如何选择？在正常情况下，高端家庭会趋向于长期主义策略，低端家庭会倾向于短期主义策略。就像家里钱多的，倾向于投资；家里钱少的，都用来吃饭。

但是，我这个问题本身是一个陷阱。因为我假设了长期主义和短期主义一定是矛盾的，这个前提，并不成立。为什么？因为好的教育，一定是长期主义与短期主义的结合。这种结合，不是什么四六分二八分，而是用长期主义的积累，去取得短期主义的成功。简单地概括，就是"高素养＋高成绩"。

粗暴一点地说，离终点越远，越要坚持长期主义，离终点越近，越要坚持短期主义。最怕的是，因为内心的焦虑，从小学一年级开始冲刺，还美其名曰"不让孩子输在起跑线上"。要知道，多数上清华北大的孩子，都是阅读爱好广泛，多才多艺的。

所以，在初三以前，我们一定要坚持长期主义策略。到了初三，更多的是采取短期主义策略。高一、高二，坚持长期主义策略与短期主义策略相结合，到了高三，更多的是采取短期主义策略。这是处境中的适应。

三、全人之美背景下的学生发展

哪怕到了高中阶段，全人之美课程最重要的，也是把人放在突出的位置，放在教育的中心。

这意味着什么呢？

意味着重视每一个人，而不只是优等生。重视每一个学生的发展，而不只是本科率或重点率。为每一个生命找到他的方向，而不是把高考当成是唯一的任务。我们当然重视优等生，而且，全人之美课程作为高端课程，难度很大，学生基础越好，越能够受益。甚至，我们的资源也会向优等生倾斜，这是他们应得的。但是教育必须首先为每一个学生，这是他们应得的。

（一）

在全人之美背景下，每一位老师，首先应该是学生的导师。我们在中学推广导师制，就是全人之美理念的自然表达。

导师有两个核心任务：一是无条件地接纳每一个孩子；二是帮助学生找到自己的方向。

这对于全体老师，都是一个艰巨的挑战。我相信大家都不缺乏责任心，也不缺乏对学生的爱。但是，责任心或爱，并不能够自动转化为接纳与引导，这需要观念上的根本转型。我不怀疑老师们的诚意，因为许多人，对自己孩子都做不到这两点，这是一个根本的观念问题。

举个例子，我们遇到的一些学生，可能是这样的：成绩不好，还不好好学习，作业也不认真提交；经常违反纪律，一批评还容易对抗；没事就喜欢玩手机，打游戏。

我们知道，学生的这些行为之间是有内在关联的，是一个恶性循环。成绩不好，就容易低自尊，学习动机就低，倾向于应付。然后就容易玩手机和打游戏，在另外的地方寻找宣泄的渠道或存在感。同时，对批评就非常敏感，反应也比较强烈，或者自我辩护，或者消极抵抗。

我们容易采取两种态度：一种是强力镇压，一种是放任自流。更多的时候，是在这两者之间往复，跟学生进入博弈模式，进入权力之争。最终，疲惫、委屈、失败感，萦绕于心。

那么，怎么训练自己成为一名导师？

最难的是什么？是调整自己的情绪。学生的行为，例如不交作业、违反纪律等，很容易被我们当成一种挑衅，一种对我们权威和能力的否定，看成是一个对学业和老师的基本态度问题。这个反应很自然，但不专业，或者说不够自由。专业的反应或自由的反应是什么？是同情，是悲悯，是看到一只受伤的知更鸟的那种感觉，是一种想要帮助学生的冲动。

最难的是什么？是培育自己内在的对一切生命的信任感。每一个学生，都有两种价值：绝对价值和相对价值。相对价值，是指比较中的价值。你可能会否定一个学生：四肢发达头脑简单，除了喜欢上体育课，其他课都只能睡觉。你可能肯定另一个文弱的学生：脑瓜子就是灵，是考清华的料。这里的价值，就是比较中的相对价值。这两个学生上街，突然遇到了歹徒持刀行凶，请问，这时候谁的相对价值更高？不要否认相对价值，但也不要把相对价值绝对化，当作唯一的尺度。学生容易注意到自己的相对价值，在比较中定义自身，从而骄傲或自卑。导师的价值，恰恰是帮助学生认识到自身的绝对价值，从而让学生无论在任何处境下，都对自己的生命有一种根本的信心。

如果大家注意一下全人之美小学的期末庆典，会发现期末有两种奖项，一是生命奖，二是单项奖，而在颁奖典礼上，最重要和突出的，是生命奖，而不是单项奖。并且，单项奖的奖项非常多，不只有学科的单项奖，还有艺体的单项奖。哪怕是学科的单项奖，也同时设置了卓越奖和进步奖。请问为什么？

生命奖为什么是最重要的？并且，为什么每个孩子都会获得生命奖？那生命奖的意义何在？生命奖的意义，就在于肯定每个生命本身，对生命进行描述和祝福。

所谓接纳，就是对生命可能性，或者说生命自身绝对价值的领会和尊重。这并不意味着纵容学生，恰恰相反，对学生就是要苛刻。难的是，将接纳与苛刻结合起来。我们面对孩子的潜台词经常是：你明明不行，还不好好学习？实际上，我们要修改自己的心理脚本，变成这样的潜台词：你充满可能性，为什么要辜负自己？

教育最重要的，就是在每个孩子内心深处植入一种"我能行"的信念。要摧毁一个孩子，最好的办法，就是熄灭他内心的这道光。一旦这道光熄灭了，教育将变得异常艰难。

点亮一盏灯，保护这光芒，是教育得以成立的前提。

保护这光芒的办法是什么？不是频繁地谈心（实际上，太多的谈心是没有必要的，也没有那么多的时间），而是让孩子获得成就感。而要让孩子获得成就感，先要让孩子找到方向感。

如果一个孩子的考试成绩是倒数第一，是不是这个孩子就不配有理想，不配有方向感？排名是我们改变不了的事实，但是，排名应该成为学生的参照，不应该成为诅咒。

在高中阶段，找到方向感的最好的办法之一，就是帮学生找到他未来可能的职业方向，然后鼓励他们为此而努力。学生未来未必就从事这个职业，但是，目标很重要。有了目标，努力就有了方向，也可以在相关领域发展特长，并以此带动所有学科的学习。

方向感的含义不止于此，还包含了意义感，也就是鼓励孩子好好学习，努力成就一番事业。用我们的话来说，就是做一个"自我实现着的自由人"。这并不是贬低高考，而是降低焦虑，增强信心，把高考放在不虚度人生的背景之下。

如果一个孩子在学校读书，是全年级的最后一名，他也能挺着胸脯从学校毕业，并且在以后的岁月中是一个身心健康的人，一个有自己一技之长或用武之地的人，这就是学校教育的成就。给监狱里少送一个罪犯，比给清华北大多送一个学生，更代表教育的成功。

（二）

导师制，并不是说只跟学生讲道理，而不进行必要的管理。

但是，管理不能理解为"我管你"，而应该理解为学习并遵守游戏规则。实际上，仅仅讲遵守还不够，应该叫"捍卫游戏规则"。

因此，高中需要解决几个问题：

1.究竟应该在哪些地方确立哪些游戏规则？

2.怎么确保游戏规则内化为学生的自觉？

这个过程应该极其专业，但是，需要时间，需要教师团队对此达成共识，也需要相应的培训学习。

容易产生误解的地方，在于我们崇尚说理。我相信，一切文明社会都会崇尚说理。问题不在于要不要说理，而在于什么时候应该说理，什么时候不应该说理，在说理的时候怎么正确地说理，这都要经历专业的学习并达成共识。

四、全人之美背景下的课程与教学

那么，作为日常工作核心的课程与教学，全人之美系统与传统学校有什么区别？

应该说，在小学阶段，区别很大。因为传统学校小学的课程过于精确，不够浪漫。因此，小学阶段需要补充差不多一半的课程，以便滋养学生的生命，提升学生的智力水平。以语文为例，一上学，就是死学生字，死背课文，这样是不行的。必须用大量的故事，用海量的阅读，来刺激学生潜在的可能性。数学要增加操作，科学要增加种植和实验，英语也要增加语言输入量，这些都是必须的，是对传统的基于知识中心主义的学科教学的重构。

初中是全人之美课程不折不扣的一个核心，也将是增长空间最大的级部。初中最重要的两件事，一是自主学习能力的培养，二是为知识学习构筑丰富的背景，以便有利于核心概念的建构。尤其是初一、初二，怎么把重点从教师的教转向学生的学？这是必须攻克的难关。而初中又属于青春期，所以，需要精神的洪流，经典的洪流。经典课程要有一定的数量。尤其在综合学科方面，要特别重视苏霍姆林斯基两套大纲的思想。

那么，高中阶段会有什么变化呢？

（一）

高中阶段在课程与教学方面，主要的变化在教学上，而不在课程上。

全人之美课程与国家新课程，在理念上是高度一致的。在某种意义上可以说，全人之美课程是对国家新课程的高位落实。而在高中阶段，国家新课程的设置已经越来越合理了。因此，我们不会对国家规定的课程与教材，进行大规模的改造，而是致力于高品质地落实国家课程。

这并不意味着完全不补充。相反，会有大量的补充。这种补充有两种形式：一是对教材的补充，有助于大大地提升学生的能力和学业成绩；二是增设一些课程单元。

增设哪些课程？

例如：

1. 哲学课程。

2. 传记课程。（每学期一本）

3. 文学经典。（例如《红楼梦》课程、庄子课程、鲁迅课程、戏剧课程等，分为必修和选修）

4. 政史经典。（每学期一本）

5. 实验课程与理科经典。（主要是理综方向）

6. 电影课程。

此外，会有自己的阅读推荐体系，并增加人文讲堂，邀请不同领域的高手来做讲座。

当然，这些都是逐步进行的，并且，充分利用周末、寒暑假，充分利用在线授课功能，确保课程的丰富性和可选择性。

（二）

那么，真正本质的变化应该来自哪里？

来自于我们处理课程、处理教材、处理知识的方式。要让我用一句话讲，就是从经验向专业的转变或跃升。这件事情，值得长期努力。

现在高中教学的普遍问题在哪里？在于我们的全部精力，放在操练和总结的基础之上，不断地做题，不断地总结，但是没有对知识问题、教学问题、训练问题进行过专业研究。

我举个例子，无论是政治，还是历史，都涉及经济危机的问题。但是在传统的应试学校，有多少文综老师，真正懂得经济危机是怎么回事？有多少文综老师，对中美关系有比其他人更深刻的理解？多数人是解释不清楚的。因为他们掌握的是教材知识，是答题套路。但是，并不懂得这些知识背后的底层逻辑。就像政治老师，要把"正义"这个概念解释清楚，就不容易。这看上去很滑稽，但就是今天的现状。

换句话说，我们掌握的概念，更多的是对现象进行归纳，然后抽象出所谓的知识。我们很少从底层逻辑开始进行演绎，或者识别出问题背后的模式。这种对模式的识别，就是一种真正的高水平的学习能力。

我再举写作上的例子。比如，要教满分作文策略，有人总结了七条：

立意要深刻；内容要充实；思路要清晰；语言要亮丽；标题要醒目；开头要响亮；结尾要有味。

这些基本上都是瞎扯。为什么？因为缺乏充分的形式抽象，只是一些所谓的经验总结汇编，又大而化之，不具备可操作性。用这些训练学生，少慢差费。我们中学的写作训练，到目前为止，最有效的一种训练方法，还是金字塔原理。金字塔原理就是一种说理模型，原理简单，反复练习，效率很高。何帆在《大局观》里讲写作，说初学者最重要的，是用简单的白话文把一件小事说清楚，只要说清楚了，就能碾压 90% 以上的人。何帆所应用的，正是金字塔原理，他概括为三句话：

1. 每一自然段的第一句话必须是这一段的中心思想。其他几句话是支撑这一中心思想的论据。

2. 每一段的几个论据之间必须有逻辑关系。不管是递进，还是转折，不管是并列，还是对比，必须有一个清晰的逻辑关系。

3. 上一段和下一段的第一句话之间，必须有逻辑关系。不管是递进，还是转折，不管是并列，还是对比，必须有一个清晰的逻辑关系。

语文老师一看就明白，这三条讲来讲去，不就是论点、论据和论证嘛，议论文三要素。但是，我们从来没有把三要素及其关系以非常简单的方式讲清楚，并用来训练学生，而金字塔原理讲清楚了。我们原先用的是一种知识中心主义的处理方法，分别讲论点、论据、论证方法，然后以一种机械的方式把它们联结起来。

只要用金字塔原理来训练，孩子的说理文水平，短时间内就迅速上来了，而且，会终生受用。为什么以往讲的不管用？因为以往讲的许多议论文的方法技巧，本身是破碎的，没有被背景化和结构化。

明白了底层逻辑，再来构建训练系统，就高效了。

（三）

讲这些，核心的意思是说，高中在知识学习方面，要以构建真正的概念思维为核心。

我们今天讲人与人之间的差距，在做人方面，讲的是格局；在做事方面，讲的是认知。别人比你认知层级高，解决问题的时候就可能碾压你。那么，格局是什么？认知又是什么？说到底，都是在讲概念思维。概念本身就是观念模型，所以，形成概念思维的过程，其实就是建构模型的过程。

我以小学的识字为例：我们传统的识字方法，是掌握字的音形义，然后组词、造句、填空。音形义指向对字词的掌握，而组词、造句、填空则指向对字词的运用。

没毛病吧？似乎没毛病。

我们来看一道题目：

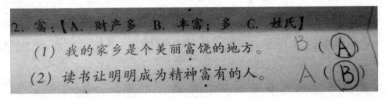

2. 富：[A. 财产多　B. 丰富；多　C. 姓氏]
　(1) 我的家乡是个美丽富饶的地方。　　B（A）
　(2) 读书让明明成为精神富有的人。　　A（B）

这道题目出得没毛病。

毛病出在哪儿了？出在儿童要掌握"富"的用法，需要做两件事。一是要通过大量的阅读，不断地在语境中遭遇"富"这个词，形成对它的感觉，我们叫语感。二是训练一种能力，能够在需要精细辨识时，准确地分析"富"这个词在不同语境中的具体含义或含义差别。前者是后者的基础，没有前者，学习不只是一个痛苦的过程，也是一个低效的过程。孩子可能习得了一些技巧，但是，并没有真正地掌握"富"这个词语的意义。这里涉及浪漫与精确的关系，背景与焦点的关系。

而我们知道，字词本质上也是概念，概念理解的原理，与字词理解的原理是一致的。今天中学学习的一个问题，就是在教材中给你一个概念，然后，让你记住概念的定义，并在大量的练习中不断地巩固。问题在于，这时候，学生对概念的理解是机械的，在巩固的过程中，所习得的也往往是机械的技巧，而不是真正的理解。并且，所学的概念，也没有或无法与生命建立起联系。就像你能背诵经济危机的概念，能够按教材要求分析美国一百年前的经济危机，但是，你没有办法把经济危机运用于现实生活，没办法判断疫情以后的经济走势，没办法知道自己应该不应该买房，在哪里买房。

换句话说，学生在高中政治和历史课中学习了经济学，但是，并没有拥有经济学的概念思维，无法用经济学来思考身边的经济现象，只是被用来训练做相关习题。

学校抓零食问题，不让吃，不让带，有偷偷吃的，有家长偷偷送的，严抓！这时候，有学生就说了，你不让我吃，那学校能不能继续开深夜食堂？不让带零食，小卖部也不开，也不开深夜食堂，到了晚上，我饿了怎么办？类似这样的问题怎么理解？怎么解决？实际上，真正地理解了中学政治教材上的概念，我们就能够很好地理解和解决以上问题。但是，现实的情况是，我们教材上所学的一切，似乎与生活是完全脱节的。当然，我们不会让它脱节，针对这个问题，文综组有老师已经打算带着学生付诸实践了。

（四）

现在我们面临的难题是——

1.怎么让学生真正地形成活的概念思维？

2.怎么在形成活的概念思维的过程中，确保学生的成绩不仅不受影响，反而更高？

就是说，要建构真正的灵活而有力的概念，也要确保更高的考试成绩，同时，还要有成本意识，主要是考虑达成目标所用的时间成本。这可能吗？

答案是：完全可能，而且必须如此，这正是我们要走的路。

除了前面提到过的课程，以及推荐自由阅读以外，最重要的变化来自两点：

1. 要从教师的教，转向学生的学。

2. 要引入研究性学习和审辩式思维。

从教师的教，转向学生的学，不是指杜郎口式的教学，也不是有些地方或学校流行的导学练系统，因为这样的系统，都是以完全的应试为前提的。更不是指老师一定要少讲——虽然这话我认同。我们所说的"从教师的教，转向学生的学"，是指课程设计和教学设计，必须基于学习者，即我们经常说的"以终为始"。在设计上要"以终为始"，在操作上要有目标意识、结果意识、效率意识，要建构真正意义上的高效学习模型、深度学习模型，避免将重点放在老师琐碎的分析上，甚至陷入一种"提及式教学"，即我只要讲到了，讲得面面俱到，就认为学生掌握了，或者应该掌握，这是不符合认知发展逻辑的。

引入研究性学习和审辩式思维，是课程改革的另一个关键。

灵活的生动的概念思维，一定是在研究性学习和审辩式思维中形成的，而不是在记忆和练习中形成的。并且，不要一讲研究性学习，就是要查资料、写论文，虽然也会有，但更重要的是研究意识和审辩意识，这才是核心。

仍然以文综为例：传统学校会教薄薄的教材，对教材进行详细而深入的分析，再辅之以大量的反复的练习。学生学得很辛苦，很累，而且兴趣不足，效率低。这样，也根本无法形成良好的概念思维。那些文综真正好的学生，往往是喜欢政治历史，课外书也读得多，于是占了背景的优势，学得轻松。我们讲研究性学习和审辩式思维，首先意味着，孩子的大脑不能空空如也，我们在每一个主题的教学中，在教材之外，都要补充数倍于教材的高品质的加工过的阅读材料，与教材相互支撑。

我们想象一下，在那些好的大学，学生是如何学习的？你在听教授上课之前，必须阅读大量指定的材料，还要泡图书馆。为什么？你的知识主要不是在教授的课堂上听到的，而是在阅读教材的过程中形成的。那么好的教授在课堂上做什么？不是讲你通过阅读可以获得的东西，而是带你进入思辨，在你自学的基础上，把你带到更高处，带到你通过个人努力无法抵达的高处。这才是真正的学习区，也是维果茨基所说的"最近发展区"。也就是说，学习区或者最近发展区的定义是，你自己依赖于自学所能抵达的上限，与在老师和同伴帮助下所能抵达的上限之间的区域。

在传统的应试学校，许多领导或老师也意识到了自学的重要性，或者说"先学后教"的重要性，但是先学被理解为学教材，还是一切都以应考为目的。而在我们这里，"先学"远不止于学教材，主要是补充相当数量的优质内容进来，与教材互为补充，以丰富学生背景，刺激学生理解，提升学生的兴趣。学生在阅读这些材料的过程中，就经历了高品质的学习，学生思考老师在教材中提出的问题的过程，就是审辩式思维。有了这样的基础，整个课堂教学的品质就大大提升了。不然，教学必然是肤浅的。

这大量的材料，以及对问题尤其是大问题的思考或审辩，就有助于形成生动的概念思维，也有助于帮孩子在知识与生命和生活之间建立起密切的联系。

这本质上也是苏霍姆林斯基的两套大纲的思想。

（五）

那么，考试怎么办？尤其是高考。

很简单，必然学得更深入，更有兴趣，考得也更好。因为我们的课程设计，虽然补充了大量的材料，但是打好了基础，更有利于核心素养的构建。

为什么呢？

因为这种学法，是一种少而透的学法，也是一种针对教材系统的深度学习。我们必须想象，整个高中教材，乃至于中学教材，每一门学科的背后，都由一定数量的概念组成。这些概念的重要程度不同，例如，对政治学来讲，最顶层的概念，可能只有"正义"。这些概念构成了概念金字塔，最顶端的概念最重要。

不过，金字塔的比喻，在这里不如树的比喻。最根本的概念是树根，树根越大，扎入泥土（生活／生命）越深，树越生长得快，越枝繁叶茂。学生学习政史地也好，理化生也好，最重要的，永远是对核心概念灵活而深入的理解。唯有重视核心概念的学习，才能够以简驭繁，减轻学习负担。不然，学习永远是平面化的，以及碎片化的。

有了这种概念网络，学习就变得拥有了秩序感，不再眉毛胡子一把抓，也不再高一、高二和高三的学习"傻傻地分不清"，能够让高一、高二的学习，为高三的学习，打下坚实的基础。

有老师说，你说的是文科，那么，理科呢？

我说文科，是因为我是文科背景，举例方便，但是从原理上来讲，完全类似。我以前说过，语数外的学习是一个模型，文理综的学习是一个模型，艺体的学习是一个模型。

今天学生学习困难的原因是什么？

在高中阶段，我们通常会归结为天赋和基础。真实的情况是，长期的应试教育，导致学生的学习过于抽象，结果过早地丧失了学习兴趣，形成了基础不扎实的问题。在这种情况下，有天赋或特长的孩子，就会自然地胜出。而我们从小学到高中的整体的课程设计，尤其是初中的设计，就是为了改变学习过于抽象的情况。

高中来得及吗？

我认为来得及。真正的困难不在于学生，而在于我们老师自身的修炼，在于我们老师知识结构的升级，教学模式的变化。但是，我们明白了方向，就可以一直走在正确的路上，将素质与应试兼顾起来，将浪漫与精确兼顾起来，将深入与广博兼顾起来，将创造与效率兼顾起来，将长期主义与短期主义兼顾起来。

在这个背景下，我们将把高考研究与下列研究整合起来：

1. 知识研究。

2.模块备课研究。

3.训练研究。

全人之美课程的突出优势，就是学科研究和深度学习研究。

这是一条艰苦的路，要求老师必须成为终身学习者。靠一套应试模型混一辈子，不应是高中老师的模样。我们应该是导师，是教练，是学术研究者，是和一群青年人不断成长的"自我实现着的自由人。"

相信种子，相信岁月。

暮省到底应该怎么做

"晨诵诗赋，午读典章，含英咀华，如品如尝。入暮思省，一天回望，是否勤奋？有无独创？"

这是南明校歌中的几句话，描述的，是全人之美课程背景下的晨诵、午读、暮省。这三个词，分开讲，是课程；合起来讲，则构成了一种生活方式。就是说，暮省，既是一门课程，又是一种生活方式。

一、什么是暮省

暮，是一个时间概念。但是什么是时间？时间本质上是事件进程，或者说，是"事件过程长短和发生顺序的度量"。没有事件，就不存在时间。一朵花的开放是一个事件，一个人的一生也是一个事件。

因此，暮是相对于晨、午而言的。你可以解释为"夜晚"，也可以解释为"事件结束之际"。

那么，什么是省？省的本义是察看（眼睛盯着一棵小草）。人类具备省的能力，这本身就了不起。然而更了不起的是，人类不但具备省的能力，还具备"省省"的能力，即对察看本身进行察看，即所谓的"反省"。

我们可以把反省分为两类或两层：对事件的反省；对自我的反省。也就是思考，以及对思考的思考，即所谓元认知。什么叫元认知？在认知过程中，我们一方面进行各种认知活动，另一方面又对自己的认知过程进行监控，这种监控就是元认知，就是对认知的认知。

我们知道元认知是很难的。许多人努力一生，仍然是低品质的勤奋，就是因为受限于自己的天花板，不断地提升天花板的高度，就是不断地提升元认知水平，即所谓的认知升级。

概括一下，省察包括了对事的省察（这件事怎么做会做得更好），对自我的省察（我要做出怎样的改变能让事做得更好），对省察的省察（我的哪些认知方式需要改进）。

二、我们的暮省应该反思什么

暮省的主要反思内容，是事件。就是通过不断地反思，和学生一起，把事情做得更好。

举个例子，今天，或这一周，我们的作业提交情况不理想，有三分之一的同学没有提交。那么，我们就要对这件事情进行反思。反思就是一种系统性的检查，看看哪个环节出现漏洞了。因为许多环节都可能出现漏洞，例如：

1. 作业布置过程是不是出问题了，以至于有些同学没有获得作业信息？

2. 作业是不是太多了？

3. 作业是不是缺乏选择性？

4. 我这一学科的作业是不是与其他学科的作业冲突了，导致了总量的不正常增加？

5. 作业是不是太难了？

6. 是不是因为不喜欢这门学科或这个章节，有些同学不想交作业？

7. 是不是因为觉得这门学科不重要，有些同学觉得没必要在这门课上花时间？

8. 是不是因为我的课上得不好，有些同学不喜欢这门课，讨厌这门课的作业？

9. 是不是因为我的要求不严格，有些同学觉得交不交作业无所谓？

10. 是不是因为我没有批阅作业，或者批阅得不仔细，有些同学觉得还不如不交？

11. 是不是因为习惯不好，或时间安排不当，导致有些同学无意中浪费了时间？

12.是不是因为作业习惯不好，导致在有些题目上消耗过多的时间？

13.是不是做作业时，缺乏紧张感，导致缺乏作业效率？

······

这么多问题，实际上仍然可以放在一个思考框架里——

1.作业内容正确吗？（难度、数量、与其他作业的协调）

2.作业信息传递方式正确吗？（在正确的时间，以正确的方式送达，并被理解）

3.作业有反馈吗？（收集、批阅、反馈）

4.针对不交作业的情况有调研和应对吗？（分类分情况解决，将态度问题与能力问题区分对待）

这里交代的只是思考方法，实际上作业问题往往被几个关键因素决定：

1.学科存在感（学科地位及教师权威）及作业价值；

2.学生的学习动机（内部）；

3.教师反馈（外部）。

好的老师一定内外兼修，通过外部约束，逐渐达成内在的自觉，这就是胡萝卜（价值吸引）加大棒（外部纪律）的原则。

跟学生一起，排查问题，将作业问题当作我们共同面对的问题，找出具体的症结，然后讨论解决方案，这就是暮省。在这个过程中，所有人都得到了学习，得到了发展。

要避免假暮省，例如：

公开地批评指责学生，无论是针对个体、全体，还是不点名地批评。或者打情感牌，让学生感觉辜负了老师。

这种暮省，违背了"对事不对人"的原则。要深刻领会干国祥老师说过的一句话："对灵魂无限爱护，对错误零度宽容。"我们经常是反过来的，无形中在指责人，贬低人，收买人，贿赂人。同时，在错误面前，无法做到坚持原则。更多的时候，我们无法把这二者协调起来：只要是爱护人，就牺牲了原则，替孩子辩护或打掩护，为讨孩子喜欢而违反原则；只要是坚持原则，又把孩子放在自己的对立面，以原则之名，导致师生关系的恶化，以及孩子的不服气。

当然，暮省除了对生活中大大小小的事件进行反思外，还可能包括其他内容——

1. 讲述榜样的故事（名人的故事或身边的故事），借以激励学生。

2. 对一段时间以来的班级生活进行总结提升。

3. 分析社会热点事件，以及他们对我们的启发。

4. 对一些核心概念、重点规则进行分析讲解。

三、什么样的暮省容易深入人心

（一）

在讨论暮省前，先要区分教育与管理。有些事情要运用管理手段，有些事情要运用教育手段，有些事情则要同时运用管理手段和教育手段。

举个例子，我们上网课，怎么避免学生迟到？

这是一个管理问题。班主任或课代表，可以在上课开始时，例如8点整，或2点20分，或其他时间，点击"群用户"，将未参加者的名单截图，然后发到班级钉钉群，或暮省群，或其他指定的群里。截图中出现的同学，则要在晚上8点或规定时间之前，发一条规定格式的迟到说明，这件事情就算结束了。如果某个同学频繁迟到，或者某个班总是大面积有人迟到，就需要升级对策。例如：某个学生经常迟到，就要与学生本人和家长沟通，调查迟到原因并努力消除；班级大面积迟到，就需要召开班会甚至家长会，找出原因，设定必要的提醒程序。这就是管理。在这里，看不到惩罚与羞辱，羞辱是没有意义的，惩罚只适用于极端场景。这一点很像高速公路上的管理，所有的超速，都会被摄像头记录下来并进入扣分体系，执法者与被执法者都心平气和，除非规则本身不合理才会引发抱怨和冲突。

那么，什么是教育或暮省呢？

当一个学生频繁迟到时，仅靠管理是不够的，还必须改变这个学生的认识，这就涉及教育。教育不是批评乃至于批判，不是指责乃至于羞辱，而是一种帮助，帮助学生认识到迟到这一行为本身带来的后果，帮助学生改变认为迟到是小事的认识。有时候这种暮省是全班性的，老师可以搜索资源，做成PPT，帮助学生深入认识迟到这一行为。

（二）

接下来，我们讨论一下：如何开展一次暮省？我们重点讨论的是：学生出现问题以后，老师如何暮省？

在师生共同生活中，学生出现错误行为，师生的心理过程是怎样的？暮省实际上是老师主导的一个干预过程，类似于心理诊疗的过程。

当学生出现错误行为后，他会伴随一种情绪，形成一种认知，情绪和认知会整合成一个反应，这个反应会导致一定的后果。老师也是如此。大家记住四个关键词：情绪、认知、反应、后果。

我用一个熟悉的故事来举例：列宁打碎了姑妈家的花瓶。

在正常情况下，一个孩子的反应，会是这样的：

1. 情绪：内疚、害怕、逃避。

2. 认知：为了平复不好的感觉，会将错误合理化。比如：这不是我的错（花瓶放的地方就不对），至少不全是我的错；我又不是有意的；别人也打碎过花瓶，为什么总揪着我不放？

3. 反应：如果孩子受到了批评或指责，他就有可能拒不认错（不是我干的，就不是我干的），自我辩护，或形成受害人心理。

4. 后果：怨恨、报复、反叛、挑衅。

那么，在正常情况下，一位老师的反应，会是这样的：

1. 情绪：生气、愤怒、失望、沮丧。

2. 认知：都是你的错；你给我们班惹麻烦了；你挑战了我的权威。

3. 反应：指责、羞辱、惩罚。

4. 后果：孩子害怕、怨恨、报复、反叛、退缩。

这是一种自然的反应，因此师生之间的交流，往往就变成了权力之争。权力之争的另一面，则是情感捆绑。有时候，权力之争深藏在情感捆绑之下。这是一种君臣关系、亲子关系的结构重现。

在这种情况下，暮省往往就成了说教，甚至批评或指责。就像过去的班会，就是对这一周以来班级的各种问题进行集中批评。

（三）

那么，我们怎么调整我们的反应，以此来重构学生的认知与行为呢？这是暮省的关键。

我们先要调整我们的认知，通过调整认知，来调整我们的情绪反应。

例如，我们要修炼的，是如下意识：（1）孩子犯了错误以后，选择掩盖或逃避，而不敢承担，这是一种自然反应；（2）孩子所犯的大多数错误，都同时意味着发展的机会，而不仅仅是不好的事情；（3）教育的目的，不是强迫孩子认错，而是鼓励孩子承担责任，从错误中学习，成为一个更有责任感的人。

这时候，你的情绪反应，就是谅解和宽容。你的行为反应，就是和孩子一起解决问题：发生了什么？（澄清事实）为什么会这样？（寻找原因）我们能做些什么弥补？（承担责任）我能帮你做些什么？（提供协助）

我们想一想，列宁的妈妈是怎么做的？她已经猜到了是列宁打碎了花瓶。要是一般的妈妈，肯定会说：是不是你干的？老实说！你这娃咋这么不小心？在家里让我不省心，出门也给我丢人！但列宁的妈妈，不是一般的妈妈，她并没有向列宁传达她的情绪。

她是怎么反应的？她装出相信儿子的样子，一直没有提起这件事，而是给儿子讲诚实守信的美德故事，等待着儿子能主动承认。

结果有一天，列宁在妈妈讲故事的时候，失声大哭起来，痛苦地告诉妈妈："我欺骗了姑妈，我说不是我打碎了花瓶，其实是我干的。"听完孩子羞愧难受的述说，妈妈耐心地安慰他，告诉他只要向姑妈写信承认错误，姑妈就会原谅他。于是，小列宁马上起床，在妈妈的帮助下，向姑妈写信承认了错误。

为什么列宁的妈妈要这样做，并且有效果？

因为孩子犯了错，例如打碎了花瓶，他自己已经有了内疚感，这种内疚感，就是良心的源泉，或者说就是良心。你对孩子保持信任，或者说"没关系"，孩子反而会内疚，会自责或自我反思，这是改进的动机，它促使孩子成为一个更好的人。但是，如果你指责孩子，孩子就会自我防卫，这时候，内疚就消失了，他就会开始防卫和进攻，甚至形成受害人心态。

因此，妈妈的信任和等待，换来了列宁的痛苦和担当，并化为写信向姑妈承认错误这一行为。而通过这一事件，列宁也就成了一个更道德，更讲诚信的人。

说到这里，有人会问：那么，万一列宁始终不承认，妈妈要始终不说破这件事情吗？

答案是"是的"。因为列宁一天不承认，那么，这件事情始终是列宁心里的包袱。这个包袱，就是列宁的良心的组成部分。花瓶事小，良心事大。如果你的首要目标是发展人，而不是破案，那么，你就没必要一定汲汲于让列宁承认错误了。

列宁的母亲选择了信任和等待，有一个前提就是列宁平时就是一个诚实的孩子。如果列宁平时就是一个问题孩子呢？那么，在处理技巧上会有很大的变化，但原则是不变的，就是教育必须基于信任与尊重。

四、怎么走进学生心里

我提几点建议，尤其是针对青春期的学生（小学高段至高中）。

（一）

第一条建议，也是最重要的建议："走在问题前面"。

什么意思呢？教育中的绝大部分问题，至少80%的问题，都可以提前预测到并加以排除。之所以没有排除，有两个原因：一是这件事在我们心中的重要程度还不够，二是我们缺乏相应的职业习惯。如果我们不是带一个班级，而是驾驭一架飞机，那么，你一定会"走在问题前面"，因为一旦出现问题，可能死无丧身之地。重要的时刻，甚至生死攸关的时刻，我们会集中注意力，反复检查。我在高中执教时有个习惯，每次上课前都非常紧张，直到下课后，整个身体才放松下来，这促使我反复检查上课前的准备，反复检查教案，并在重点处标红。因为我觉得，一旦我站不稳讲台，我不知道自己还能去做什么。职业习惯，是解决问题的关键。尤其是诸如迟到、不交作业、教室卫生脏乱差等常规问题，是靠职业习惯解决的，而不是靠暮省、靠讲道理解决的。习惯本身意味着程序和标准。你持之以恒地坚守它，最终，它会成就你。我在讲座中讲过天赋和努力的关系，而在天赋和努力之间，决定性的因素，实际上是习惯，因为习惯决定了你的生命在怎样的平台上运行。我们大部分的工作都不依赖于创造性，而是依赖于自动化水平，即习惯水平。

（二）

第二条建议：就像谈恋爱一样教书育人。

有人给你介绍了一个对象，觉得还不错，你们结婚了。结婚后你又不满意，不满意又没有别的选择，只好这么凑合着，然后，你的生活就处在一种低质量的状态。

这时候怎么办？要么离婚，要么真正地去爱对方，用你的爱去唤醒他／她的爱。最糟糕的状态，是生命既不在场，又未离开。然后，就把自己憋成了"怨妇"，觉得对方对不起你，满世界都对不起你。

不要担心对方爱不爱你，爱一个人，经常是自己的事，与对方无关。如果竟然获得回应了，那是加倍的幸福。而实际上，你往往能够获得回应，你要学会相信种子，相信岁月。这是一个人自我成就的最好的方式。最坏的方式，是生活在别处。

不要把你的精力用来对付家长和校长，而要用于去爱你的班级，你的学科，你的学生，这是我的建议。我自己也从这条建议中受益匪浅。

有了这种爱，你和学生就有了感情基础，就有了关系基础。

（三）

第三条建议：把自己当成学生，把学生当成老师。

说白了，就是要有同理心、同情心。据说，每五个中学生中，就有一个孩子考虑过自杀的问题。教育不只有对错，对错之下有着海洋一般广阔但暗黑的潜意识空间，这就是孩子对于世界、老师以及自我的感受。因此，站在孩子的角度去思考和感受问题，特别重要。首先的是站在学生的角度思考问题，把学生当成我们的老师，通过改变自身去不断地影响学生。

我可以讲许多技巧，例如：

1. 尽量不要公开点名批评学生，表扬宜公开，批评宜私下；

2. 到了中学，尤其是高中，甚至都不要轻易表扬学生，而是分享学生的作品与成就；

3. 不要等学生出了问题才去关注他，平时就要关注和关心学生，并且知道如何真正地关心，以及如何分配你的关心；

4. 避免收买学生或粗暴对待学生，要将友善与原则结合起来，才能形成教师的权威，学生就会追随你；

……

只有真正地爱学生，真正地站在学生立场去感受问题，才能不麻木，才能在处境中找到最恰当的反应。

正像《教学勇气》中所说的，优秀教学不能被降格为技术，优秀教学源自教师的自身认同和自身完善。

暮省也是如此。

我们的确在教育孩子，但是更为根本的，我们必须学会和孩子共同生活。只有在共同生活的基础上，我们才有可能成为学生的同行者和导师。

纪律管理的原则与方法

一、与纪律管理有关的核心观念

我们想象一下，你家里有一个很大的箱子，大到足以放下你所有的日常用品。每天早晨你起床后，就要在里面找内衣、外套、袜子……经常要花很长时间，有时候甚至找不到，这很影响早上的心情，是吧？

一个有经验的家庭主妇，当然不会容忍这种情况发生。她会怎么做？她会把箱子用木板或别的东西分成一些格子，然后，把不同的东西放在不同的格子里，把相同的东西放在同一个格子里。不仅如此，她还有可能根据需要把大格子再分成小格子。比如，同样是放上衣的大格子，她可以再分成三个格子，分别放春秋季、夏季和冬季的上衣。

这样的话，每天起床，焦躁的心情就消失了，穿衣出门的速度也大大加快了。生活，就有了秩序感。

实际上班级管理，或者说学生管理，也是这个道理。这是一门值得研究的学问，也是一门值得深挖的教师培训课程。

我们每天要面对许许多多的事情，举些例子：

1.打架了。

2.谈恋爱了。

3.考试不及格。

我们要把学生的问题解决掉，就要对问题进行归类，每一类问题，都有自己的解决方案。这种归类，就像把不同的日常用品放在不同的格子里一样。这些格子，就是我们的观念或概念。我们用这些概念来把握现实，把握学生中纷繁复杂的问题。有时候一个问题，涉及几个观念，就像一件衣服，可以放在不同的格子里，比如，它既是冬装，又是上衣。换句话说，把问题放在不同的观念里，就是确定问题的不同性质，根据性质的不同，采用不同的处理办法。

限于篇幅，下面我要讲的，主要是一些最核心、最重要、最底层的观念格子，帮助大家把一些常见的问题进行归类，并指出一些最常犯的错误。

（一）

我先举一个例子。

我们可以把学生的一切行为问题，放在两个观念格子里：一个叫教育，或者说，人格教育；一个叫管理，或者叫行为管理。人格只能教育，行为只能管理。

然后，我们尝试着用这样的观念去把握现实，或者说现象。

那么，学生谈恋爱，应该放在哪个格子里？

学生谈恋爱，要用教育的手段，不能用管理的手段。为什么？因为谈恋爱和乱扔垃圾，是完全不同的性质。后者危害了公共利益，因此要用管理的手段，必要时甚至要加以惩罚。而谈恋爱没有危害公共利益，严格地讲，是私人生活。学生是未成年人，因此私人生活也需要引导，但引导不是干涉，引导是指导，指导是非强迫的。你不能说，你们谈恋爱了，给个处分，发个通告，或者罚站，请家长，等等，这都是不对的。哪怕你觉得谈恋爱影响了学业，你也只能说服，而不能去管理他们。如果你用管理的手段对待谈恋爱的现象，那么，造成的后果，是学生觉得没有受到尊重，个人感情被粗暴地介入干预。

但是，学生的恋爱行为，可以进行管理。比如，如果在公共场合有拥抱、接吻等行为，就不是你个人的事了，就演变成一个需要管理的公共问题。而学校也要空间透明，消除异性学生之间可以单独相处的空间。

当我们教育学生的时候，我们的身份，是导师，类似于牧师。当我们管理学生的时候，我们的身份，是教导员或教练，类似于警察。根据问题性质的不同，老师经常要在不同的身份之间熟练地切换。

学生打架了，既要管理，也要教育。在这里，管理意味着分清楚是非，分配好责任，并进行相应的处理；教育意味着把打架这件事当成教育资源，借以训练学生理解和应对冲突的能力。学校的特点，就是学校里发生的几乎所有的事情，都有教育意义，都可以当成教育资源来利用。

那么，学生考试不及格，是教育问题，还是管理问题？

都不是。是教学问题。我们要搞清楚学生考试不及格的原因：是能力问题，还是态度问题？是知识点有漏洞，还是学习动机降低了？学生需要的往往是具体的帮助。如果你用教育和管理的手段来对待，就会出现问题。学校不应该因为学生学习不好惩罚学生，这是一个基本的原则。

从刚才的分析中，大家可以看到观念的意义。

（二）

在管理中，又有两个格子，一个叫规则，一个叫程序。

疫情期间，我们学校有一条要求，叫"饭前要洗手"。那么，怎么洗手呢？我们在餐厅和洗手间，都贴了一张详细的流程图，规定了洗手的详细步骤，叫"七步洗手法"。大家一听就清楚，"饭前要洗手"，这是规则；按七个步骤来洗手，这叫程序。

那么，规则和程序的区别在哪里？

规则是行动的法则，即规定应该做什么，不应该做什么。例如，我们规定，不能体罚和羞辱学生，不能收受家长的礼物或宴请，这都是规则。因为这些规则，行为才有了边界。如果家长把礼物强行放在你办公室或家里，怎么处理？相应地就有一套程序。

当然，规则之上，还有原则。己所不欲，勿施于人，这就是原则。私有财产神圣不可侵犯，这也是原则。不要乱翻别人的东西，就不是原则，而是规则。原则与规则的关系，类似于《宪法》与其他法规之间的关系。无论什么法律，都不能违宪；无论什么规则，都不能违背原则。相反，基于原则，规则可以被违反甚至被修改。

此外，原则与规则，规则与程序，有时候也没有明显的界限。举个例子，"说话不伤人"，你可以理解为规则，也可以理解为原则。你可以说，它是规则，背后的原则是相互尊重；你也可以说，它是原则，延伸的规则是不说脏话。再比如说，"请有序进入会场"，你可以理解为规则，也可以理解为程序。得意忘言，一定要做详细的归类，就执了。

二、如何编制程序

（一）

程序为什么是重要的？

纪律管理中 80% 的混乱，是由秩序不当导致的。一旦设定好程序，问题就可以解决。

以前，如果两辆汽车在路上刮蹭了一下，那不得了，除了吵架外，双方还会各叫一帮人，最后各种调解、说事。现在的话，大家情绪都很稳定，也不用兴师动众。为什么？因为现在道路交通管理非常成熟和规范，用程序直接就可以解决。

那么，教室里，或校园里学生的行为，能不能也用这种办法来管理呢？当然能。

我们现在假想一下：学校要求全体学生在礼堂集合开会，各个班级准时到达，哪个班级管理得好，哪个班级管理不善，领导在台上一目了然。如果你班上的学生乱糟糟的，你就会非常生气，可能会吼学生。

但是问题是，真的怪学生吗？

也怪，也不怪。

怪学生什么？学生没眼色，没教养，没有班级荣誉感。如果有，就不会出现这种情况。但是，如果你没有明确的指示，学生就会根据自己的理解去行动，这时候基于本能的行动就会增加，基于理智的行动就会减少。

如果你教学生在礼堂应该如何表现，那么，学生在礼堂就会变得有秩序和有教养，至少概率会大大地提升。

你不能说，我们去礼堂，要有秩序，要保持安静和整洁，要有礼貌。因为这些是规则，相对来说有些抽象，它们必须化为具体可见的秩序才行。除非你一说要有秩序，学生知道应该怎么做，否则，就要教。

我们学校的训练提纲是这样的：

一、剧场规则

1. 秩序规则：有秩序地进入，在指定位置就座，不随意走动，演出结束后，有秩序地离开。

2. 整洁规则：不喝饮料和吃食物，不乱扔果皮纸屑，保持座位及周围干净整洁。

3. 安静规则：不在剧场大声喧哗。若需要交流，请使用"同伴声音"。

4. 礼貌规则：无论是否喜欢节目，要有礼貌地鼓掌致谢。不给前后左右的同学惹麻烦。

二、剧场规则训练内容细节

1. 秩序训练。

（1）告诉学生进入剧场的行进路线、入座路线、退场路线。

（2）告诉学生在座位上的规则：不晃动、不把脚放在座椅上或别人的座椅上、不拉扯推搡别人。

（3）告诉学生特殊问题的处理办法。包括：如厕、饮水（通常要提前饮水，剧场无此条件）、发生疾病等。

2. 整洁训练。

（1）不带饮料和食物进入剧场。

（2）不在剧场乱扔纸屑或其他垃圾。

（3）若带表演用的衣服、道具等，要提醒保存好并随身带走。

3. 安静训练。

（1）不在剧场大声喧哗。

（2）减少与同伴的现场交流，若不得不交流，请使用"同伴声音"。

4. 礼貌训练。

（1）学会适时地以合适的方式鼓掌。

（2）不起哄，不鼓倒掌，不说风凉话，学会理解与赞美。

不仅如此，学校会派人值守，并进行反馈。例如，每次剧场活动结束后，会有人整个剧场走一遍，发现哪个椅子下有垃圾，就会拍照发到班主任群，并清晰地说明是哪张椅子。这样，就能够迅速地定位班级，班主任也能够迅速地定位是哪个学生。

概括为一句话：管理行为，不要管理学生。

（二）

程序编制难不难？

好像不难，其实挺难的。如果一个人形成了编程思维，一生受益。我们经常说一个人思维缜密甚至老谋深算，就是说他有编程思维。

但这是可以训练出来的。在编程思维的背后，有两条法则。

第一条法则，叫 MECE 原则，也称麦肯锡方法（相互独立，完全穷尽）。

第二条法则，叫奥卡姆剃刀（如无必要，勿增实体）。

说得通俗一点，思考问题，既要全面，又要抓住关键。这跟伏击敌人一样，你不能让埋伏圈有缺口（全面），但你兵力有限，要布置在关键的位置。我们想象一下机场的安检，或者高铁站川流不息的人流，是靠什么来确保安全且秩序井然的？肯定不是靠大喇叭，或者教育，而是靠一套程序。这套程序，既确保了没有安全漏洞，也确保了尽可能节约人力。七步洗手法，工厂里面的流水线，也是一样，都致力于程序的改进。

我举个例子，"学生必须交作业"是一条规则。那么，这条规则如何得到执行？就需要程序来确保。

我们想象一下一个不成熟的老师，上完一节课，说今天的作业是什么什么，写完赶紧交上来，然后就走了。

结果，作业一天天越交越少，有一些不交作业的专业户。有一天老师就发怒了，把这些不交作业的学生集中到一起，狠狠地收拾了一顿。好了几天，后面又出问题了，如此反复。

请问，问题出在了哪里？

80% 出在程序上。当然，还有 20% 是其他原因，例如作业太多做不过来、作业太难不会做、生病了等。

如果你编制一套程序，你要考虑哪些因素？

阶　段	要　求	要　素
布置作业	确保学生收到作业信息	任务／目标
	确保学生理解作业信息	
提交作业	明确提交截止日期	程　序
	明确作业提交地点	
	课代表清点作业并生成名单	
	课代表送作业及名单到办公室	
下发作业	明确下发作业具体时间	
作业反馈	规范和修正提交作业的全过程	元认知
	简化动作与语言并形成自动化	

那么，程序上要注意什么？

1.要确保学生知道你布置的任务是什么。

2.要确保学生知道这个任务应该怎么完成和提交。

3.要对提交过程进行监控和反馈，直至形成自动化。

要解决第一个问题，你要确保：

1.你的任务信息，所有学生都正确地接收到了。

举个例子，你可能是口头布置作业，这就产生了信息未传递或未正确传递的可能，你需要对信息是否传递到了进行确认，或者，你必须把作业写在黑板上。

2.你的任务信息，所有学生都正确理解了。

你通过解释，学生明白了作业的目的，作业的要求（例如书写等）。

这两条加起来，就是"任务＋解释"。解释是为了任务更好地被理解，从而有助于高效率地执行。

要解决第二个问题，你要确保一系列的程序：

1.什么时间提交作业？要明确截止日期。

2.把作业提交给谁？或者提交到什么位置？要明确地点。

3.谁负责清点作业，把没交作业的人识别出来？

4.谁负责把作业抱到老师办公室，并附上未交作业的名单？

5.什么时候作业批阅完成，返还给学生？

要解决第三个问题，就要确保一系列的行动：

1.对交作业的全过程进行监控和规范，发现问题立即反馈，教给学生正确的方法。

2.不断地减少多余的动作和语言，把保留下来的动作和语言固定下来，形成条件反射。

3.持之以恒地维护这一程序，直到完成自动化。

经过了这个过程，再解决不了问题，就真是作业困难户了，要单独加以解决。但绝大多数问题，这个程序就很管用。

（三）

我们常见的错误是，对人不对事。

出现问题，首先是责怪人，还是检查程序？这是一个问题。之所以首先会责怪人，是因为我们首先涌现的是情绪，这个情绪需要有一个发泄对象。但是，并不能解决问题，还伤了学生的自尊，制造了对抗。首先检查程序，人就受到了尊重，但是，又没有纵容事情的失败。

举个例子，你把一个学生叫到办公室，你很生气："为什么没交作业？"

学生一堆理由：没听清楚作业，不知道截止日期，诸如此类。

你分不清楚，学生说的是真的还是假的。或者你其实清楚，学生就是在自我辩护。于是，你跟学生就容易进入博弈模式。因为你试图分清楚是非，但是分不清楚，或者成本太高。你也可以反击："你是在为你学习还是为我学习？为什么不长点心？不知道不会问吗？"

有时我们也会怪自己：是不是没有权威，没有号召力，管不住学生？

这些，往往是问题的根源。

正确的反应是什么？

借着学生的理由，把程序上的漏洞补上，并且，教学生相应的方法技巧。举个例子，你可以说：

"我布置作业你没听清楚？那说明程序有问题，我以后把作业写在黑板上，你就没问题了吧？"

"不知道作业提交日期？那我下次把提交日期写上，你就没问题了吧？"

老师不是警察，不是一定要在这一次跟学生纠结，不妨放学生一马。我们要的是面对未来，降低他未来不提交作业的概率。而且，这样处理学生更容易接受，冲突更少。

我们容易缺乏程序意识，我们意识不到，要在校园生活中不断地建立各种程序，以确保生活的有序，确保事情的顺利实现。我们急于做事，不知道首先要搭建好工作平台。

我经常说，这就叫"要致富，先修路"。

三、以课堂为例，应该确立哪些规则

在学校里，除了程序外，还需要有规则。那么，确立规则的原则是什么？

首先，前面讲的方法仍然有用，即麦肯锡方法和奥卡姆剃刀。就是说，规则要覆盖你所期待的行为，但是规则必须简化，保留核心的部分或者说关键的部分。这就有一点像公路系统，规则就像红绿灯，没有红绿灯，公路上就乱套了，但红绿灯太多，车子也跑不起来。因此，规则的确定，也是一门学问。

公路系统的核心规则实际上只有三条：

1. 车辆一律靠右行驶。（解决同一条道路上的冲突问题）

2. 红灯停，绿灯行。（解决交叉道路的冲突问题）

3. 车让人。（解决人车冲突的问题）

这几条规则，属于核心规则。条件变了，规则就变了。例如，到了高速公路上，就不存在"车让人"的规则，因为不允许人在高速公路上行走或逗留。但是，增加了限速，车子不能跑得太快，也不能跑得太慢。

学校里也一样。比如，我们学校的规则就只有两条：不得收受家长的礼物和宴请；不得体罚和羞辱学生。显然，这两条规则是关键的，底线性质的。如果有老师上课迟到，你不能再加一条规则：老师必须按时上课。这是不是很滑稽？这样一来规则就无限地多起来了，上课不能抽烟之类都出来了。难道这些不是规则吗？这些当然是，但是，这些是默认的规则，无须再提出来，也可以叫潜规则。如果要解决有老师不按时上课的问题，就要用程序加以解决，例如增加巡课的环节，发现问题，及时处理。并且，除非问题严重到一定程度，也是私下处理，而不是公开处理。

班级里也一样。如果有同学迟到，你不要在班上公开讲，除非集体迟到，或者迟到成了风气，才要当成严重问题对待并公开解决。否则，你公开讲，平时不迟到的同学也跟着听，不公平。而且，公开讲问题，经常会让学生看到班上不好的一面，并不是好事情。有时候还会引发效仿，让被批评的人成为英雄。

以下四条规则，是我拟的课堂管理的"黄金规则"：

1. 上课铃声落下之前，应该做好课前准备；

2. 尊重他人的权利和感受，不打扰他人；

3. 沟通时要学会倾听，并采用"同伴声音"；

4. 发生冲突时，以非暴力的方式解决冲突。

所谓"黄金规则"，是说这四条规则，是确保课堂顺利运行的底层逻辑。底层逻辑通常比较抽象，需要通过反复的教育使之具象化。或者说，我们需要将这些行为清单化。

（一）

"上课铃声落下之前，应该做好课前准备。"

这一条，是程序性规则。

铃声是信号，意味着场景转换。听到铃声，学生就应该迅速地回到座位，做好课前准备。那么，课前准备的内容是什么？每门学科，都应该形成自己固定的清单，并反复训练。如果中间有变化，则在上课前提醒，或写在黑板上，或插入 PPT 提前播放。

课前准备的内容通常包括：

1.物品准备。例如教材（或同时包括教辅）、练习本（如果需要的话）、文具（笔，以及理科可能用到的其他东西）。

2.环境准备。包括桌椅摆放整齐、地面无垃圾、黑板擦干净等。

3.身心准备。包括准时坐在座位上、身体无不雅观姿势动作、保持安静等。

如果是艺体课，在活动教室或操场上课，则要形成自己的规范。

如果是室外课，听不到铃声或存在其他因素，则以老师指令为主。

但无论如何，要有明确的规则。而且，规则要内化为孩子的自觉。这需要一系列的动作：

1.从信号到反馈的跟进系统。

2.解释系统（仪式感、紧张感、界限感）。

3.长期维护。

在这个问题上，要专门形成一套设计方案，全面执行。

（二）

"尊重他人的权利和感受，不打扰他人。"

这是消极原则，实际上是"己所不欲，勿施于人"原则（积极原则是"己立立人，己达达人"）的课堂版。

哪些行为是"尊重他人的权利和感受，不打扰他人"？哪些行为不是？要从以往的经验中筛选若干典型场景，然后模拟或分析。

不该说时说话，包括：

（1）大吵大嚷；（2）与其他人闲聊；（3）乱插嘴；（4）挖苦别人。

不该动时乱动，包括：

（1）无故离开座位；（2）在座位上动来动去或晃动椅子；（3）恶作剧；（4）乱扔东西；（5）传纸条；（6）吃东西。

注意，这里没有列入的有：上课看与课堂无关的书；玩铅笔或尺子；

睡觉。因为这些行为，没有影响到别人，老师可以以另外的方式进行处理。

与学生讨论：为什么这些行为是不对的？

举例：挖苦别人。

有一个同学上课回答问题，一个简单的问题都回答错了，你就肆无忌惮地哈哈大笑，并且挖苦他说："连这么简单的问题都不会，真傻！"

挖苦别人为什么能够给我们带来快乐？

因为很多时候，我们喜欢看别人倒霉遭殃，为自己没有遭受这种命运而庆幸、快乐。

另外，我们通过认定别人"不行"，而自欺欺人地获得了"我能行"的错误感受。实际上，我们可能根本不如别人。一是我们未必能正确回答，二是我们缺乏别人敢于回答问题的勇气（更为重要）。毕竟，重要的不是"错误"，而是"学习"，而"错误"是通往"学习"的有效路径。（高年级可以讨论面子与尊严的问题）

如果你被人挖苦，你是什么样的感受？

沮丧、受伤。（感觉到自己受到了伤害，产生了非常不好的心理感觉）

生气、愤怒。（潜意识地把挖苦自己的人看成敌人，甚至产生报复的意愿）

如果你不愿意经历这种感受，你就得学会尊重别人。不仅仅因为不尊重别人，别人也不会尊重你，可能记着你挖苦过他而挖苦你，更重要的是下列两条原因：

我们承诺过，我们是相互友爱的一家人，而一家人不能彼此伤害，应该彼此支持；

挖苦别人是一种卑鄙的行为，它降低了我们的人格，让我们显得像一个小人，或没有教养的人，这不应该成为我们的形象，我们不应该以这种方式获得扭曲的快乐和同学的关注。

小贴士：

不必一次完成所有情境的创设，最好完成1～3个情境的深度设计，方法包括：

1. 讨论与深度解释（防止仅仅功利主义的解释，最好能与道德图谱联系起来，例如"己所不欲，勿施于人"，重点讲同理心和同情心）。

2. 情景扮演（或情景剧）。可以提前编排好，也可以现场编排，然后请"演员"讲一讲自己的感受。

3. 讲故事。分享有关规则的故事，包括绘本中的故事、名人的故事、发生在身边或远处的故事、别的国家的小朋友如何遵守秩序的故事，等等。

最重要的是，利用暮省（包括班会），对即将出现或已经出现的错误行为，进行深度聚焦。深度聚焦的重心，绝对不是惩罚，而是帮助犯错误的同学以及全体同学理解规则，并学会正确的处理方法。

就是说，核心不是用惩罚进行控制，而是以引导促成自觉。

（三）

"沟通时要学会倾听，并采用'同伴声音'。"

这本来也可以归属于第二条，单独列出来，以示重视，属于积极原则。

（1）只有在倾听的时候，学习才会发生。

例如，当一个同学在发言的时候，你应该做什么？是认真地听，还是急于举手，发表自己的意见？

（2）妨碍我们学会倾听的主要因素，是不恰当的自我表现。

急于表现自己，结果丧失了学习机会。一旦养成习惯，就成了一个低品质的人。（这是人性的弱点）

（3）怎样倾听？

倾听本质上是一种对话。深度倾听是一种非常消耗精力的行为。所谓深度倾听，就是在大脑中不断地建立和丰富联系。

浅倾听诉诸知觉，深度倾听诉诸运算。

一个浅倾听者，会被外表的东西所吸引，例如，讲话者的语调、所举事例的新异性、表面的联系，等等。

而一个深度倾听者，则能够对外表的东西保持警惕，而关注到内在的东西，并始终保持自身的批判性。

浅倾听者往往会丧失自我，而深度倾听者往往会深化自我。

（4）倾听是尊重他人最重要的方式之一。

能倾听一个人，表明了一种真正的关心，关心他的思考、情感，乃至于整个生活。我们要通过彼此倾听，彼此间建立起深度联系。

倾听当然也是尊重老师的方式，同时是最重要的学习方式。

除倾听外，有时候，在规则许可的范围内，我们要相互交流。例如，老师可能会说，请同桌之间相互讨论一下，或者我们需要向同学借文具，这就需要采用"同伴声音"。

什么叫"同伴声音"？

老师先与一个同学示范，然后，再请几组同学示范，然后全班演练"同伴声音"。"同伴声音"的最佳限度，就是交流的同伴恰好能听见。

"同伴声音"并不是指第三者完全听不到，而是指，不构成噪音，没有对第三者构成干扰。一旦声音吸引到了第三者的注意，那么，就说明构成了干扰。

另外，不妨将"同伴声音"延续到另外的场合，例如课下或餐厅里。

只要在教室里，无论什么时候，都要坚持使用"同伴声音"。教室应该是一个安静的地方，下课也不应该吵闹，要尽可能采用"同伴声音"，以尊重同学和老师。如果距离较远，最好离开座位，去当面说，而不要大吵大嚷，那样显得很没有修养。

养成习惯的过程中，要不断地通过暮省反馈，而且反馈须以正面反馈为主，以帮助为主。

（四）

"发生冲突时，以非暴力的方式解决冲突。"

这也是积极原则。

在教室里，冲突经常是如何引发的？

（1）肢体冲撞。（教室空间狭小，以及行为习惯不好导致）

（2）嘲笑或辱骂同学，或拨弄是非。

（3）打架。

（4）弄坏同学的书籍或文具。

（5）抢夺资源。（例如抢书，甚至抢擦黑板）

指导性原则：弄清楚冲突的起源，尤其是要判断是有意导致的，还是无意导致的。学会忽略和谅解，谅解是一个人强大的表现，强大的人总是宽容的。例如，有同学横冲直撞，碰了你，也不说声道歉，就扬长而去。你的感觉是很不舒服，你可以选择找他的麻烦，甚至打一架，你也可以选择忽略这件事。为什么要选择忽略？因为不值得为了争一口气而让事件升级。而忽略和宽容，会让你显得更有教养。你需要把自己的精力，放在更重要的事情上。

如果是比较严重的无法忽略的事件，或者对方揪着不放的事件，那么，则要遵循以下原则：

（1）能自己解决的，自己解决它；自己无法解决的，就向老师寻求帮助。要记住，当你从学校毕业后，就可能再也没有一个老师帮你解决争端。

（2）以合法的和有教养的（或者说以文明的和理性的）方式解决问题，防止以谩骂和动手的方式解决问题。如果不得不动手，要确保自己不首先动手，而且，动手的目的不是报复，只是正当防卫，且只以自保为目的，而不能变成对他人的伤害。

讲清楚原则后，就要不断地重复原则。例如：

（1）有同学来告状，就问他：这个问题你自己能解决吗？必要时，教给他自己解决的办法。如果告状成了风气，老师就必须反思，要通过暮省或班会来明确界限，并且要案例化地明确。

（2）出现严重冲突，就利用暮省或班会，当成严重的班级事件来对待。（中高年级可以采用班级法庭的形式）就是说，不把它当成麻烦事件，而是当成教育事件来处理，让所有人从中进行学习，获得经验。

在这个过程中，理解问题，习得解决问题的经验，比裁定是非本身更为重要。

其中的一个关键，是对这一事件进行多角度思考，多角度分析，充分利用好冲突资源，从而让学生明白：

为什么会发生冲突？怎样的行为才能够防患于未然，从而减少冲突的发生？

在冲突发生后，如何避免被情绪控制，或者尽快地从情绪中摆脱出来，真正地思考冲突的本质？

如何对待自己的错误？如何对待别人的错误？

如何正确地做出反应，如何与冲突的另一方沟通？

哪些语言和行为是危险的？

无论对方是否犯错，只要我犯了错误，我如何负责任地去承担它？

再次遇到类似的事件时，我应该按怎样的程序去解决它？

四、课堂规则的形成与巩固（以一年级为例）

1. 利用假期，写下关于制定、执行和捍卫游戏规则的计划。

2. 为制定游戏规则创造条件。

（1）走进教室，控制纪律，并自我介绍。

你可以制造任何新鲜的开端，就像《死亡诗社》中的基丁老师。

例如，你走进教室，在黑板上写下自己的名字，转身，看着孩子们，用目光扫视，直到渐渐安静下来，然后你问："你们知道老师姓什么吗？"

"姓魏！"

"真聪明！我注意到，许多聪明的孩子，注意力非常集中，一进入课堂，就很关注老师在做什么。——那么，大家应该怎么称呼我？"

"魏老师！"

"我听到刚才有人叫我的名字，大家能不能叫老师的名字？"

"不能。"

"对。大家真懂事。因为老师和父母，都是长辈。有礼貌的孩子，不能叫老师或父母，以及其他长辈的名字。大家明白了吗？这位同学，你明白了吗？（明白了）真棒，马上就学会了。"

"现在，小耳朵竖起来。老师说，同学们好，大家就一起站起来说'魏老师好'，然后鞠躬，坐下。听明白了吗？"

然后演示，表扬。

"以后每节课，老师进来后，都会说'上课'，大家就一起站起来说'魏老师好'，老师会向大家鞠躬，说'同学们好'，然后大家再坐下，听明白了吗？"

演示，表扬，纠正不规范的地方，直到达到标准。

同时，也可规定下课的程序。

（2）建立学生保持注意力的基本程序。

"今天大家表现都非常好，但老师知道，大家有时候注意力不在老师这里，甚至是在说闲话。这样，老师讲话或讲课，大家就听不到了。那么，老师怎么样才能让大家把注意力再集中到老师这里呢？这样行不行？（大声喊：大家注意了！）那么，这样呢？（老师拍两下手）大家觉得哪种方式更好一些？（比如学生选后者）"

"那我们来演习一下，老师拍两下手，所有同学必须完成两件事：一是小嘴巴关上，小耳朵竖起来。二是坐端正。怎样的姿势叫坐端正呢？"

老师演示或出示照片。

"大家看，手应该放在哪里？脚应该放在哪里？腰应该怎么挺直？这些动作是一气呵成的：并脚回收，双手自然放在桌上，腰挺直，眼睛直视着前方。"

让同学演示，并保持数秒或老师数十下。然后，进行评价，给学生竖大拇指，或纠正。这是一个建立标准的过程。

【意外】我们假设这里出现了一个意外，有一个学生对指令没反应。那么，老师怎么办？

如果老师提前已经了解了这个孩子有行为问题，例如习惯不好或有多动症，就要相机从事，忽略或聚焦。问题严重的话，就要先忽略。

老师要考虑这个孩子的问题性质，是反应迟缓，还是在挑衅？如果是严重挑衅行为，老师要判断当堂自己能不能处理，如果觉得不能处理，就不要做出反应，忽略他，不要看他，不要让他感觉到在被关注。

如果老师判断自己能够处理，那么，就要进行处理：

处理一："这位同学，你叫什么名字？（还要提防不说话）你能给大家演示一下吗?"然后老师拍手,同学演示。老师纠正或直接表扬,或纠正后表扬,甚至可以大家为他鼓掌。

处理二:不理睬老师,或者有其他行为,老师不要说:"你怎么不做?"这种处理带有敌意或责怪,实际上是把问题归类为态度问题,这会导致权力之争(老师也觉得被挑衅)。实际上,更好的做法是把它解释为能力问题。例如,老师说:"某某某同学,应该这样,脚是这样放的,手是这样放的,腰是这样挺的,再来一遍。嗯,很好。"

处理三:这个学生有过激行为,只要没有严重到很影响课堂秩序(严重影响了,就要请人带离,不带情绪,回头给学生一个解释),可以说"一时半会儿学不会也没关系,我们还有许多时间学习规则",然后忽略掉。

如果有学生告状:"老师,海波同学没坐端正。"你千万不能过去说:"海波,你为什么不坐端正?"你这样做,立刻会有学生继续告状:"老师,某某某也没坐端正。"最后,你就陷入告状的汪洋大海了。

你要说:"大家注意了,我刚才说的是要大家坐端正,每个同学都应该努力地坐端正,但是不能指责别人没坐端正。

"为什么不能?因为老师在教室里,老师能够看到每个同学的表现,大家不能代替老师来裁判,就是说不能随便告状。只有极特殊的情况,大家是要立刻向老师报告的。例如,有同学拿小刀在别的同学眼前晃来晃去,如果老师没看到,要立刻报告老师。为什么?

"对,因为这是危险动作,及时向老师报告,就能够避免危险,这是帮助同学。

"而另外的情况,我们不能随便告状,因为那可能不是帮助同学。听明白了吗?很好。大家已经明白了原则。"

特别说明:制定规则不是为了抓住学生的错误,然后进行惩罚。制定规则,是为了给学生检查自己的行为提供指导或参照。当违反既定规则的行为发生时,我们应该和孩子们一起来讨论如何处理,帮助他们分析错误行为的动机和产生的后果。过分地强调处罚,会掩盖动机和态度方面的问题。以处罚为主的教育不利于孩子形成高尚的、更具社会价值的道德水准,它只会使道德发展维系在一个较低的水平上。

3.制定和解释游戏规则。

继续表扬，然后阐明游戏规则的必要性。

"大家见过踢足球没有？除了守门员，球员能不能用手抱着球跑？为什么不行？为了保证比赛正常进行，必须制定游戏规则。制定游戏规则的目的，是为了保证游戏顺利且精彩地进行。那么，我们课堂上要不要纪律，要不要游戏规则？"（学生回答"要"）

"老师拟定了几条关于上课的游戏规则，大家讨论一下，觉得合理，就举手表决通过。"

（1）出示课堂规则：

上课铃声响之前，应该做好课前准备。

①什么叫"做好课前准备"？

（出示照片：课桌的表面。）

"上语文课要准备哪些东西？大家一起来说。"

语文书、铅笔、橡皮、生字本。

"这些东西放在哪里？"

请同学演示，老师检查，明确位置，并说明，铅笔应该提前削好。

②大家觉得这样麻烦吗？老师为什么要这样做？

出示一组有关工作台的照片。阐述理由：摆放整齐，方便取用；养成习惯，彰显品质。（做一个整洁的孩子）

（2）举手表决通过游戏规则。

"那么，赞成把这一条作为班级规则的举手。"

如果有反对者，请他发表意见。然后，再请同学针对他的意见提出意见，尝试说服他。如果不能立即说服，要允许他保留看法，但是，只要多数通过，就必须执行，并向他解释原因。

"好，我们刚才通过了这条规则，那么，怎样才能'做好课前准备'"？

这实际上是鼓励学生养成良好的习惯。正确的方式，应该是在上一节课结束后，立即看课表，根据这一节课的要求做好课前准备，然后再喝水和上洗手间。

（3）现场演习。

对那些注重细节的同学进行表扬，并指出他们做得好的地方。

（4）"下一节课，老师就要检查大家对规则的执行情况，大家能保证自己不忘记吗？"

（实际上，忘不忘不是关键。）

4. 通过反馈强化游戏规则。

第二天，等学生上一节课下课出去后（可能有部分同学没出去），老师开始在教室里不动声色地检查和拍照，并记下姓名。不要单独记名字，可以在现成的姓名表上勾画。

然后，上课了。

起立后，老师要求，所有人都不要坐下，而且双手自然下垂，不能放在课桌上。"能不能做到？请保持。"再检查一遍桌面，然后问学生："老师在干什么？"

对照着姓名表，开始表扬一批学生，一个一个地读出名字。"这些同学表现很好，在上课前，做好了课前准备，大家为这些同学鼓掌。"

然后，特别表扬另一批学生，一个一个地读出名字。"为什么要特别表扬？因为这些孩子，在下课后做的第一件事，就是做好课前准备工作。"

切记，不要批评没做好准备的学生，而是说："当然，还有一部分同学没做好课前准备，老师不批评大家，因为刚刚确立的游戏规则，很容易忘记，要给大家学习的机会。那么，老师现在数十下，这些同学，能站着做好课前准备吗？"

等这些同学做好课前准备，请所有同学坐下，再检查一遍课前准备，然后表扬所有人，说坚持下去，大家都会成为出色的孩子。

第三天，继续反馈，直到所有孩子达到目标为止。

【意外】如果有很特别的孩子，达不到目标，或总是忘记怎么办？

找他谈话，搞清楚原因，鼓励他养成新习惯；

每次课间提醒他（若做完了则表扬），确保他不被批评；

给同桌个任务，专门提醒他。

5. 维护游戏规则。

所有人都能做到后，就进入维护阶段。维护阶段，实际上是不要让这个规则成为焦点，而是成为自然而然的行为。

这个时候的重点，是做个别反馈。即对违反的行为进行反馈，并且让所有人静静等待，直至完成后再开始上课。

连续一周，若游戏规则无人违反，则利用班会进行庆祝，也可利用家校通、微信等向家长报喜。

五、为什么班级纪律往往很难管好

班级纪律很难管好的原因，无外乎几条——

1.缺乏合宜而稳定的程序与规则。

2.有程序与规则，但缺乏执行力，不能很好地落实。

3.遇到疑难问题，缺乏问题解决能力。

（一）

我们总觉得最难的，可能是执行。其实不然，最难的，是不知道自己应该做什么。

比如，你早上来到学校，还没上课，班上稀稀拉拉地已经坐了十来个学生了，但是，没人在学习，一个个嬉戏打闹。这时候你很生气，骂了一顿：都什么年龄了还不知道学习？一点紧张感都没有！骂得个个低下了头。然而，到了第二天，可能依然故我。顶多，看到你来了，赶紧低头学习。如果你出差了，那可是热闹得很。

请问为什么？

因为你总认为，孩子早上到校后，应该知道自己要做什么。但实际上，你从来没告诉他们、教过他们应该做什么。甚至有时候，你以为告诉过他们、教过他们，其实不然，你只是讲了一通道理而已。

举个例子，你说，早到校的同学，应该做好预习，或者把课文读一读，诸如此类。

实际上你应该做什么？

1.清晰地告诉他们，进入教室应该做什么，不应该做什么。这是告诉他们，在行为上要怎么做。

2.和学科老师一起，给孩子列举适合早上完成的任务，并进行反馈。这是在学习内容上，告诉他们要怎么做。

3.坚持提供反馈，直到形成习惯。

再详细些举例，比如说，进入教室，整理好桌椅，拿出书，立即进入学习，这是程序。不允许彼此聊天，不允许无所事事地发呆甚至睡觉，不允许在教室打闹，这是规则。然后，语文和英语，都有过关任务，做好过关统计，谁快谁慢，一目了然。这样，早晨的零碎时间就被充分利用起来，五分钟也好，十分钟也好，二十分钟也好，非常高效。

至少一段时间内，班主任坚持最早到教室，观察和督促每一个学生，直到形成风气，然后进行巩固。

如果班主任不能提前到呢？

那么，你就要委托别人，例如最早到校的同学，自然升级为本日督查员，并将名字写在黑板上。诸如此类，都是细节技巧，因人而异。

久之，学生从早晨到校开始，紧张感就形成了。如果没有明确的行为要求和学业要求，学生就不知道要做什么，还要承受批评，这就不利于解决问题。

而在老师这里，最难的，是非常清晰地进行规划，告诉学生应该做什么，而不是讲道理甚至指责。

（二）

为什么老师要明确让学生做什么是最难的呢？

有人可能会说，专家把一天应该做的事研究出来，直接告诉老师，老师不就知道做什么了吗？这话有一定的道理，而且事实上专家也经常在做这样的事。但是，作用不大。因为公共的意见只能作为参照，最终在处境中到底应该做什么，是需要老师做出判断的。

为什么？

我们想象一下，教五年级语文，我们把每一课都让专家备出来，再让名师上出来，然后你反复模仿，是不是你就能够培养出优秀的学生了？往往是不能。

现在国家为什么不提倡学前大量识字？因为你可能认识了许多字，但无法把这些字连缀成有意义的文章，甚至无法依赖对这些字的认识，来进行真正有意义的阅读。如果没有大量的阅读，你就无法获得整体的结构，无法获得整体的结构但是又大量地认识字，这些字必然是以机械的无意义的方式存储在你的大脑中的。

你不能在头脑中存储大量机械的教条，然后用在学生身上。这种碎片化的管理方式，会让学生苦不堪言。我列出要做的事情的清单，只是参照、关键的问题，这是我头脑中涌现出的程序与规则，而不是你头脑中涌现出的程序与规则。

换句话说，你的大脑应该是这样运行的：

1. 我理想中的班级是什么样子的？学生行为是什么样子的？（这是教育哲学层面的推敲）

2. 为了实现这样的图景，我需要确立怎样的原则与价值观？（这是伦理学层面的推敲）

3. 基于这些原则与价值观，我需要确立哪些关键目标？（这是管理目标层面的推敲）

4. 为了让这些目标得以实现，我需要确立哪些程序与规则？（这是管理内容层面的推敲）

5. 为了确立这些程序与规则，我需要采用哪些措施？（这是管理执行层面的推敲）

如果我把程序与规则告诉了你，并不代表你就能够带出一个好班。因为这些程序与规则并没有扎根于你的心智土壤，因此无法转化为你的本能反应。你也无法看到这些程序与规则的真正指向，形成关于理想班级的真正图景。

做班级发展规划为什么重要？因为它可以让你对班级生活有一个全局的思考。

（三）

弄清楚做什么是最困难的。弄清楚了，执行力往往就上来了。

是否存在着普遍的执行力，即在什么事情上都高执行的人？可以说是有的，这跟生命类型有关。执行力强的人，焦虑指数比一般人高，日常生活中也总是保持着紧张感。换句话说，一个人的生命，保持着适度的紧张感，做什么事都容易成功。

但是，人对不同的事情，在不同的领域，执行力是有很大差别的。

这种差别来自于哪些因素？

1. 意愿。

你多想把这件事做好？你愿意付出多大代价？让你每天比学生早到校，你能毫不犹豫吗？（你能不能，跟你要不要，不是一个概念）

2. 对事情内在结构的洞察。

你知道把这件事做成，关键点是什么吗？

3. 意志力。

你能坚持重复做一件事，甚至一个动作吗？

这三点，就是在问你，想不想做这件事？知不知道你在做什么？能不能坚持不懈？

举个例子，你觉得早晨孩子到校后的表现太散漫了，你也很生气。但是，你内在的动机，可能尚未强到要去彻底地解决这个问题。你既看不过去，爱说爱批评，又不肯投入时间和意志去解决它。结果问题始终在，你也始终在抱怨。

里尔克在《给青年诗人的十封信》中有这样一段话：

你在信里问你的诗好不好。你问我。你从前也问过别人。你把它们寄给杂志。你把你的诗跟别人的比较；若是某些编辑部退回了你的诗作，你就不安。那么（因为你允许我向你劝告），我请你，把这一切放弃吧！你向外看，是你现在最不应该做的事。没有人能给你出主意，没有人能够帮助你。只有一个唯一的方法：请你走向内心。探索那叫你写的缘由，考察它的根是不是盘在你心的深处；你要坦白承认，万一你写不出来，是不是必得因此而死去。这是最重要的：在夜深最寂静的时刻问问自己，我必须写吗？你要在自身内挖掘一个深的答复。若是这个答复表示同意，而你也能够以一种坚强、单纯的"我必须"来对答那个严肃的问题，那么，你就根据这个需要去建造你的生活吧；你的生活直到它最寻常最细琐的时刻，都必须是这个创造冲动的标志和证明。然后你接近自然。你要像一个原人似的练习去说你所见、所体验、所爱，以及所遗失的事物。

"你要坦白承认，万一你写不出来，是不是必得因此而死去。"这是对一个诗人的严肃的追问。干国祥老师写过一首诗，叫《如果教育也是一首诗》：

纵非锤炼词语的金匠
整日守候在这教室
我也须扪心自问，如果放弃
是不是就会因此而死

如果死去就是
活着失去精神的光照
徒留这肉欲在世间欢腾
或者最后的时刻来临

一张斑斓涂抹的白卷
滴几滴悔恨的泪珠
垂死者把世界遗忘的同时
世界把这个故事的最后一册焚烧

那么我说，是的
如果我选择放弃
不把岁月锤打成一行行诗句

我会就此死去

沉陷在无边的黑暗里
遗忘有你的声音
各种鸟的鸣唱
也曾把我唤醒

"我必须"
因为命运已经把我捕获
从此世间的珍宝不能再把我收买
恐吓也不能使心动摇

躲藏在远离众人的地方
像个农夫开始学着为庄稼祈祷
站在大地上，他知道他的祭品和祭礼
就是他全部的家当

每一个日子，平凡
每一道工序，琐碎
但是作为诗，也就是你把我从此救赎的承诺
我必须证明——

它们原就是完美宇宙合唱中一个个必然的音符

　　这是个愿望问题，是个动机问题，也是个勇气问题。这并不是说，我们都要像里尔克所说的那样，把一份工作看得生死攸关。毕竟，里尔克讲的不再是职业，而是事业乃至于志业。这只是揭示一个朴素的真理：心在哪里，家就在哪里，汗水在哪里，成就就在哪里。
　　许多时候，我们并非想要一间秩序井然的教室，我们只想要一间不给自己添麻烦的教室。因此，我们追问的，也不是教育的真谛，而是控制的简单法门。

在极端的不负责任与把教育当成生命之间，有着一条长长的中间带，你在坐标的哪一个点上？你愿意为之支付多少？这是前提，其实也是关键。否则，我告诉你，你要在第一个学生到校前到达教室，你会说，做不到，我还有孩子，还要照顾老人，晚上睡得晚经常睡眠不足，早上没办法那么早起来。而所有这些事的背后，只有一个理由：这件事，在你的生命中，并没有放在优先位置，有许多事情都比它更优先。

第三辑

与家长并肩作战

家校微信群怎么管理，这是一门教育学

现在几乎每个班级，都有自己的家校微信群，十分方便家校之间的沟通。但是，如果管理得不好，也会对家长和老师造成许多困扰。

例如：

1. 随意发言，信息轰炸或刷屏，让老师与家长都不胜其烦。轰炸源有时是老师，有时是家长。

2. 不恰当的表扬与批评，引发家长们的不平衡、反感，甚至构成心理伤害。

3. 对老师的阿谀或指责，引发误解与不适。有些时候，甚至成为家校冲突，或家长之间冲突的平台。

那么，成熟的教师，应该怎么解决这些问题呢？

一、微信群应该确立怎样的规则

在建立微信群前，老师一定要想清楚一个问题：为什么要建立微信群？

通常而言，微信群的功能可以概括为：

1. 便于老师发布信息，包括通知、告知、提醒等。

2. 便于老师分享班级发展情况，例如课程与课堂、重大活动、节日庆典等。

3. 便于家委会发布信息和进行讨论。

4. 便于老师与家长公开讨论问题。

总之，就是便于老师 / 家委会发布信息、分享与讨论。一旦明确了目的，就可以生成相应的群规则，并在与家长互动的过程中，不断地达成默契。

我虚拟一个微信群规则：

1. 为了避免干扰到大家，除老师及家委会发布相应的信息外，微信群平时应保持安静，请勿随意发言。此之谓"安静原则"。

2. 除必要的通知外，老师及家委会分享和讨论的时间，通常在晚上7—9点，并会提前通知。此之谓"定时讨论原则"。

3. 在未经老师许可的情况下，请勿公开擅发如下信息：涉嫌暴露隐私的信息；家校、家长之间、学生之间私人恩怨；广告；攻击或羞辱性言辞；与本群主旨无关或有违班级文化的所有信息。此之谓"尊重原则"。

4. 若违背了以上规则中任何一条，老师或家委会将根据情况酌情采取私下／公开提醒、公开声明、暂时移除微信群等措施，敬请理解。

接下来，就要确保家长知晓并理解规则。可以采取一些措施：

1. 将此规则以及加群邀请，一并发到家长的手机短信中，或者，在完成加群任务后，选择在晚上7—9点发布群规则，并要求家长回复"已阅读"。如果家长对规则有不明确的或不同意的，请家长私下留言给老师。老师觉得有道理的，可以在与家委会商议后，公开进行修正。也可以将规则连续发布一周，每次都在晚上7—9点，并告知家长你会连续发布一周。

2. 如果有新家长加入，包括学生的其他亲属加入，私下将规则发给他。

多数老师会要求家长进群后修改群名片，我觉得没有必要，老师用添加备注的方式可能更好。

总之，在建立规则阶段，有几条是需要提醒的：

1. 确保规则是合理的、明确的。

2. 确保规则传递到家长那里。（这就是为什么要家长回复的原因）

3. 确保家长理解并接受规则。（规则可以提前与家委会商议，也可以设置一个期限供家长自由发表意见）

二、怎么维护规则

确保家长知晓并理解规则，是维护规则中最重要的一步。

接下来的关键，是对规则执行情况进行反馈。我们不妨虚拟两个场景。

场景一：有家长为孩子的事公开咨询。

最好建立一个标准的客气的回复模板，每次只修改关键部分就可以了。例如：

@***家长　我私下回复您了，因为根据群规则第＊条，我不便公开回复。

然后，私下提醒他注意第几条群规则的具体内容（申明规则），说明为什么如此（解释规则），详细解答他的疑惑。

如果家长提出来的问题具有代表性，老师可以选择时机公开说明：

刚才***家长提出一个问题："……"我觉得具有普遍性，统一答复如下："……"如果还有家长不明白的，可以私下留言给我。

如果不是公开咨询，而是随意发言，则可以提醒：

我私下发信息给您了，请留意查收。

这句话，主要是说给其他家长听的，意思是说，群里不能随意发言，我已经在私下提醒这位家长了。

场景二：有家长公开批评甚至攻击他人（包括老师、其他家长或学生），或者所谓的讨公道。

可以公开回复：

@***家长　根据我们的群规则，这类事我们私下沟通，好吗？谢谢！

然后，私下与他进行沟通。

如果家长公开的批评或攻击容易引发其他家长的猜测或误解，那么，可以公开回复适度反击：

@***家长　这件事没这么简单，为了避免尴尬，且根据我们的群规则，我们私下沟通，好吗？谢谢！

然后迅速电话或微信沟通。

如果家长不管不顾地继续发情绪激烈的言辞，那么，果断地从微信群里移除。移除后，在群里做一个简短的说明，大意是：

1. 这位家长讲的，并非事实。

2. 他现在情绪激动，很难沟通，为了避免影响到大家以及造成更多误解，暂时将他移除微信群，等此事解决后再邀请他入群。

3. 人难免有失控的时候，请大家相互谅解，无论如何，风雨过后，我们仍然是"一家人"。

要记住：

与家长在群里公开撕，是大忌，无论你多么有理。旁观者不关心理，关心的是你的姿势。

有些委屈，还真不好公开澄清，可以与家委会保持沟通，家委会在适度的范围内，让信息有一个微妙的传播，以正视听。当然，有些事则需要公开澄清。

三、教师在微信群里如何发言

教师在微信群里的发言十分重要，因为事关自身形象。要特别注意根据交际语境琢磨措辞，这是职业形象塑造的一部分。有时候措辞需要正式庄重，有时候措辞需要亲切随意。以下是一些建议：

1. 选择什么时机发言？要有仪式感。

家长不烦你说话，毕竟他也想更多地了解信息，最烦的，是不知道你什么时候会说话。人本能地喜爱稳定的可预测的环境。所以，除非紧急通知，你要尽可能将发言时间安排在固定的时间。

例如：

如果你习惯于每天发一条家教方面的信息（相当于"给家长的建议"，虽然我不是很赞成如此），那么，你要在固定的时间发，比如早晨8点。如果确定了，就让前后误差不要超过3秒。

如果你是晚上7—9点发布信息或做分享，那么，你就在7点整准时发出信息。如果是讨论，甚至有些话都可以设计得有仪式感。想想冯巩那句："亲爱的观众朋友们，我想死你们啦！"

2. 一次将信息说完整，避免家长反复问。

别写错别字，要检查一遍，这个不用提醒了吧？更重要的是，你的信息要十分简练和完整，要反复琢磨以至成为习惯。千万不要遗漏诸如时间、地点、对象等关键信息。最可怕的是，先发一条信息，然后不断地补充。这需要练习站在家长的角度去理解信息。

3. 有家长在群里表扬你，尽量不要公开回复。

家长可能是真心表扬，但其他家长或许不舒服，认为是在讨好老师。这没有什么道理可言，也无法澄清。最好的办法是，家长公开表扬，你私下感谢。这样，这个家长和旁观者的情绪都照应到了。

最坏的情况，是跟少数家长反复公开秀恩爱。——考虑过其他家长的感受吗？

恩爱都尽可能私下秀，关系就是这样一个一个地建立起来的。

4. 避免公开表扬和批评学生（包括家长）。

公开批评，不能指向学生，而应该指向现象。

老师容易犯的错误，是公开点名表扬学生。被表扬的家长有时候也未必自在，但是，其他家长心里肯定不舒服。正确的方法，是公开分享学生作品或事迹，但不说这个学生是谁。这样，既起到了引领的作用，又保护了大多数家长的情绪，被实际表扬的孩子的家长，也很开心，一举数得。

有些孩子的明显进步，宜于私下发给家长。因为公开有时候会引发下意识的评价。

5. 不要在微信群里布置作业。

哪怕是小学一年级，作业也要训练孩子记下来。

什么？孩子记不住？

这正是我们要训练的，是教育的一部分。将作业全部压在家长身上，是对所有人不负责任的行为。

例如，一个一年级孩子，回家了，没记住作业，怎么办？

要跟家长提前达成共识，不是家长咨询作业，而是由孩子打电话给老师，然后老师把作业告诉孩子，让他记下来。老师同时偷偷把作业发给家长。不过，家长的作用，不是转告孩子，而是进行对照，避免孩子记错。如果对照的结果，是孩子记错了，家长可以皱着眉头说："不对吧？你要不要再打电话确认一下？"实际上，错了又有什么关系？要的是孩子自己对自己的事上心，而不是凡事往家长那里一推了之。

结　语

读到这里，有人已经不耐烦了：

不就是一个微信群嘛，犯得着啰唆这么多?!

啰唆? 我已经尽可能节约笔墨了。否则，能写一本书了。因为围绕着教育的一切事情，都无形中具有教育学含义。

微信群里的诸多随意，实际上为老师和家长都增添了许多麻烦。其根源，在于许多老师缺乏职业训练。在缺乏职业训练的情况下，一个人的智力、行为、语言及反应是松弛的，碎片化的。这不但会影响家校沟通的效果，给人以不专业甚至不靠谱的印象，也严重地影响到了家长对你的信任感。

小事不小。

职业发展，专业发展，都必须从敬畏小事开始。

无论是一节课，还是一个群！

不要总觉得家长不懂教育

我喜欢与家长交流，这是做管理后形成的习惯。

教师群体，很容易有吐槽家长的习惯。例如，我们觉得家长目光短浅，唯分是图；觉得家长过于焦虑，控制欲强；觉得家长不负责任，放任自流；觉得家长自私自利，不顾大局；觉得家长动辄指责，缺乏理解；觉得家长不懂专业，指手画脚；等等。

凡此种种，皆源自教师群体的不成熟，是一种典型的"自我中心主义"。

（一）

关于家长，要有几点清醒的认识。

一是不要低估家长的智商，哪怕是斗大的字不识一升的农村妇女。家长的判断与选择中，往往（当然并不总是）包含着惊人的洞察与智慧。其核心原因，是"利益相关性"。即家长虽然会犯很多错误，但在大概率上，家长的判断往往更有利于孩子。专家判断有专家判断的优势，但专家判断也有专家判断的危险。最大的危险，来自专业自负和利益不相关。实际上，陪审团制度就是为了避免专家判断的危险而设计的。谁能做出对孩子最优的选择？在这个问题上，家长往往比专家更靠谱，因为家长比专家更关心孩子。因此，在教育孩子的问题上，家长和专家，代表了两个维度。抛弃了任何一个维度都很危险，两个维度必须经常沟通，这样才能取得更好的结果。

二是家长只关心自家孩子，这才"自然"。一间教室就像是一个联合国，每个国家代表，必然首先应该关心本国国民的利益，才是自然和健康的。在此基础上，还能够照顾到其他国家的利益并进行协调，甚至愿意在环保等问题上做出牺牲或贡献，那就是伟大的国家了。这值得尊重，但无法要求。

明确这两点，有时就会比较容易心平气和。心平气和之后，还要明白——

教育具有服务属性，考虑家长的感受与想法，是对服务对象的尊重。动辄以"家长不懂教育"为借口的傲慢是不可取的，背后无非是一种权力关系在作祟。

教育又不单纯是服务业，还承载着社会功能，即为国家培养合格的公民。因此，也不能一味地迎合家长，甚至让家长主宰教育过程。这意味着，教师应该发挥专业优势，在对话的基础上，对家长进行指导和引导。

综合起来，就是聆听而不迎合。

（二）

聆听家长，是一个很专业的过程。

存在着"专业的教师"，但并不存在"专业的家长"。所以，在家校沟通中，家长不会以你期待的样子沟通，往往是以自己最自然的、最情境化的方式沟通。

1.家长陈述的事实往往未经检验，许多都是道听途说。

2.家长会传递情绪，包括焦虑的情绪。

3.家长会表达观点，但有时是不清晰的甚至错误的。

4.家长会表达诉求，可能合理也可能不合理。

概括成关键词，就是"事实、情绪、观点、诉求"。概括成通俗的表达，大致是说，我看到或听到了一些"事实"（往往未经证实），然后产生了某种情绪，这些事实和情绪让我形成了某种看法或者说观点，最终形成了一些诉求。这些诉求，可能是合理的，可能是不合理的，可能是能够满足的，可能是无法满足的。

因为家长不是专业的，在涉及自身利益时，也少有极端理性的，因此，在事实、情绪、观点和诉求中的每一个环节，都可能存在一些问题。在这里，聆听、接纳、澄清，肯定要比对立、反驳、指责更是一种理性的反应。

有一种十分错误的认识，就是总将家长的意见，当成"制造麻烦"，而没有当成有价值的资源。

这里的关键，是教师往往自身也不专业，总觉得：我这么辛苦，你还指责我?! 控制情绪层面的对抗，是职业人非常重要的修炼。本质上，这是排除干扰，直抵核心。

为什么家长的声音，哪怕是不理性的声音，也是有价值的资源？

1.家长的声音中，包含了有价值的信息，要将这些信息识别出来。

2.家长的声音，代表了另一种维度，让你从另一个角度看自己，减弱了自我中心主义倾向，防止了自我阿谀。（人总容易高估或低估自己）

（三）

我一直主张，教育应该向企业学习。

在企业中，获取用户反馈是十分重要的。而且，这种反馈越及时或即时，越好。在教育中，建立一套从学生及家长那里制度化的和日常化的反馈系统，也是十分重要的。以专业之名，拒绝获取反馈，往往是恐惧所致的自我保护。

但是，伟大的企业，不是满足用户的需求，而是引导用户的需求。用企业界经常引用的例子来说，在马车时代，用户不会说，我想要汽车，这一需求，是被创造出来的。今天也一样，在应试教育时代，我们创造超越应试教育的更有价值的课程，也是在制造新的需求。

如果家长说，我只要成绩，你把全部时间都用来抓考试吧（如今这样傻的家长越来越少了），你说好吧，然后……这就不是教育了。你若理解家长的焦虑，理解家长诉求的合理性，就能够有效地将优质的课程与学业成就结合起来。因为这二者原本不矛盾，你的聆听，避免了你脱离现实的一意孤行。

　　而对我来讲，一所学校也好，一个班级也好，一名教师也好，重要的是持续地成长，不断地自我进化。在自我进化的过程中，最应该防止的是自我固化和自我保护。打开自己，让所有的信息进来，包括带着情绪的片面的信息进来，死不了人的。然后，将所有的这些信息进行理性处理，转化为成长的养分，岂不是一件很好的事？

　　当然，说来简单，做到很难。毕竟，我们都必须面对人性的弱点。共勉。

老师怎么和家长交往

以前在高中带班的时候，我总会跟学生讲，我上课经常会讲错，包括读错字，讲错知识，诸如此类，一旦发现我讲错了，不用举手，直接站起来当面指出来。

上课时，果然有学生站起来，说老师你哪哪讲错了。我停止讲课，走下讲台，跟孩子握手表示感谢。纠正之后，跟其他同学说，如果老师错了，一定要指出来，因为你今天不指出来，老师会一直错下去，表面上看起来维护了老师的面子，实际上老师一直都惹人笑而不自知。

多数时候，学生指出我的错误，实际上是他错了。这时候，我就要防止让学生尴尬。我会说：今天我特别感动，某某某站起来纠正我。从知识的角度讲，老师并没有错误，但是，在任何时候，都不能要求质疑必须是正确的，重要的是质疑的风气，是哪怕我可能是错误的，我也要把我想说的表达出来的勇气。因此，我特别感谢这位同学。

毫无疑问，我上课的知识性错误是比较多的。为什么？因为那时候我上课，倾向于旁征博引，就难免出现记忆不准或张冠李戴的情形，因此经常被学生纠正。

然而，神奇的是，在学校对学生的问卷调查中，有一项是"老师上课有没有知识性错误"，没有一个同学写我犯过知识性错误。

在我的班上，不仅可以随时指出我的错误，在每学期开学一个月后，我还会自己组织问卷调查，征集学生对我的意见，并做公开的回应。

（一）

回到家校关系上，如果你带一个班，任教一个学科，你怎么和家长交往？

常见的方式，是隔离、防御、讨好和自我辩护。所有这些方式的背后，都藏着一个不敢打开的自己。而这一切，也常常导致了冷漠甚至紧张的家校关系。或者，在表面的和谐下，潜藏着些许危机。

长此以往，会出现什么样的情况？

家长积了许多怨，其中可能80%是误解，20%是真实的工作失误。总之，家长依据自己获得的不完整的信息（自己孩子的表现、家长群里的信息、其他家长的议论），开始形成一些认知。80%的情况下，家长会选择忍受，或私下抱怨，不会选择跟老师沟通。少数情况下，家长会选择跟老师沟通，或跟校长反映，或跟老师沟通没有结果时跟校长反映。

作为校长，接到家长的反映时，家长往往已经积累了许多抱怨。有的家长会比较理性，克制住自己，尽可能客观地还原事情；有的家长比较激动，压抑了许久的怒火喷涌而出。

最经常出现的情形，是家长不愿或不敢跟校长反映。原因很简单，怕反映了对自己孩子不好。万一跟校长反映了，大都千叮咛万嘱咐：千万不能让老师知道是我说的。

我的态度很简单。遇事多和老师沟通，往往一沟通就解决了。如果权益受到损害，完全可以选择投诉，不要怕影响到孩子。恐惧往往是想象出来的，而且你争取权益本身，就是对孩子最好的教育。

如果校长出面处理，老师往往无限委屈。我每天也很辛苦呀，怎么家长这么不理解呢？而且，是非也不是那个样子，而是这个样子，我是这个意思，但是家长理解成另一个意思了……

（二）

家长当然首先表达的是看法和感受。而老师则往往会自我辩护，强调"这不是我的错"。抛开是非不谈，一个真正有反思精神的老师，首先应该问自己一个问题：家长对我有意见，为什么不跟我说，而是去跟校长反映呢？

注意，这应该成为关键反思。

是呀，家长应该直接跟你沟通，为什么选择了校长呢？到底是你要反思，还是家长要反思？

任何一个成熟的职业人，或者说一个成熟的人，都不会要别人反思，而会自己反思，这无关是非，只是一种立场。

你可能也跟家长说过，欢迎大家批评我，或者有什么意见请给我留言。（有人连这样的话都不说）但是，家长就会像你所说的那样，有事给你留言吗？

不可能。

为什么？因为家长没有安全感。

你必须以实际行动来展现自己的诚意，在与家长的反复互动中，不断地让家长愿意跟你沟通，愿意越来越多地表达真实的感受。毕竟，重要的不是语言，而是你的反应。无数有建设性的反应，才塑造了良好的关系。

怎么以实际行动来展现自己的诚意？

从某种意义上讲，如果你提供的是教育产品，那么学生和家长，本质上就是用户，哪一家做产品的，不主动征求用户意见？因此，定期地或不定期地就各项工作征集家长意见，本身就是工作的一部分。因为家长的意见是一个重要参照，可以帮助你不断地调整自己的计划和教学。这种调整，并不会丧失你的主体性和专业性。恰恰相反，主体性、专业性越强的老师，越倾向于倾听与对话。唯有自身不够强大，才会倾向于自我保护。

然后你要考虑，你跟家长每一次的交流，是增强了家长下一次主动跟你沟通，以及诚恳反映问题的愿望呢，还是相反？

你要防止只跟少数家长互动，你一方面要积极主动地甚至有计划地跟所有家长互动，另一方面你也要在不违背原则的情况下，让其他家长看到你是怎么跟家长互动的。例如，你可以在家长信或家校群中说，因为某个家长的提醒，你在哪方面做了调整，特别感谢这位家长。同时，你期待更多的意见、建议，包括批评。

久之，家长心里只要有一点不舒服，就会跟你讲。因为他觉得是安全的。这样一来，你就能够在跟家长们不断的沟通中，借家长的眼睛，看到自身的漏洞，然后持续改进。

（三）

这似乎并不是一件很难的事，但是，能做到的人并不多，为什么呢？

几乎所有的人都渴望发展，然而，我们却习惯打着伞，穿着铠甲，我们用于防御的武器太多了，以至于每前进一步都步履沉重，更不用说跑起来了。

我们可能觉得自己热爱学生，努力工作，也不比别人差。同时，我们也觉得，有些学生太差了，怎么补都补不起来；有些家长太不懂感恩了，看不到老师的辛苦，三天两头还喜欢挑刺。

真相是什么？

1.我们或许并不像自己以为的那样爱学生，我们真正爱的，仍然是自己。人首先应该爱自己肯定是没错的，但是，有没有把爱学生当成爱自己的一部分，是另一个问题。

2.基于某种众所周知的心理学原因，我们往往高估了自己。我们更倾向于掩盖问题，而不是不断地寻找问题，然后解决它。所以，我们总是被问题困扰，然后被动地应对。

3.我们往往把家长视为可能对自己构成威胁的人。因此，尝试忽略、先发制人、贿赂、欺骗、虚假承诺，而不是视为帮助者，视为班级发展乃至于职业生涯中健康的力量。

因此，工作往往陷入被动的忙碌，而不是主动的创造，心里常常感觉到委屈，而不是喜悦。

但如果反过来想问题呢？

当我受命接一个班，或者任教一个学科的时候，就像将军受命接管一支军队。我将是一名领导者，我的职责，就是在复杂多变的战场上，利用一切资源，带领我的部队，打赢这场战争。这无关升职或薪资，首先事关尊严。

因此，无论面对什么人，面对什么处境，面对什么抉择，始终要问自己的是：怎样的反应或选择，有利于我积累经验，打赢这场战争？

你发现，绝不是退缩或抱怨，而是尽一切努力，去强大自身，获取资源和机会。

在这时候，如果有一个家长向你反映情况，甚至批评你，你怎么反应？

你可能很不舒服，然而，你也迅速地听出家长所反映情况中不符合事实的部分，然后，你就会倾向于自我辩护，以证明"我对你错"。

这是不成熟的反应。

你马上要想到——

1. 家长能跟你说这些，肯定是鼓足了很大勇气的，内心一定很委屈、不安或愤怒，那么，哪些事情导致了家长这样的感受？

2. 虽然只是一个家长反映，但是，那些沉默的家长呢？这个家长的反映，代表的是个人，一部分家长，还是更多的家长？

根据经验，家长反映的问题，80% 都是误解，是缺乏沟通所致。但是，纵然如此，我们仍然要反思，为什么家长会产生这些误解？为什么我们会让这些误解发生，而没有在工作中及时排除掉？我们的系统出现什么问题了？

成熟的反应是什么？

1. 倾听，而不辩解。要去感受家长的全部情绪，理解家长在这个问题上的认知。

2. 努力地搞清楚问题究竟在哪儿，然后，和家长一起讨论解决问题的方法。在这个过程中，就经历了澄清。澄清的目的，不是为了证明家长错了，而是为解决问题明确前提。

（四）

对教师来讲，与家长的所有交往，都要建立在清晰明确的价值观的基础上。

你的每一个反应，都要用一个问题来审查：我这样做，是不是更有利于我和学生的发展？如果答案是肯定的，就做；如果答案是否定的，就调整自己。

"我"重要不重要？"我"当然是重要的，并且是最重要的。但"我"是怎么重要起来的？"我"的重要，难道不是因为"我"的贡献，"我"的创造？"我"的重要，难道只是来自于别人的阿谀？来自于虚假的认同？来自于情绪上的舒服？一个班的孩子因你而变化，孩子热爱你，家长信任你，这时候，"我"不重要吗？

教育中最难的，首先是价值观。一所学校，一位老师，须真真正正地知道自己要做什么。当我强调要重视家校沟通的时候，不意味着是家长在指导我教书。而是说，我确保我做的是专业的正确的事，但是，我根据家长和学生的反馈，不断地调整，为了结果更接近设定的目标。在这个过程中，我信守我的真诚、透明、善意。

其次，难在走出自我中心。满身心只有自己的委屈、劳累，这不是自由人的表现。无法站在家长的角度，理解任何一个孩子对于一个家庭的重要性，想象一个陪读家长的心理感受，这是很糟糕的。哪怕一些所谓的难缠的家长，他们的焦虑，他们的绝望，无法触动你的内心？

所有的这一切，并不意味着我们要在家校关系中投入很多时间，绝不是。

恰恰相反，我们要的是家校关系中有效率的高品质的接触。而要形成高品质的沟通，教师就应该居于主导地位。期待家长温和而理性的老师是幼稚的，因为在家校关系中，你已经被默认为是专业的一方。你的任务，就是领导学生，领导家庭，建立起一个更好的共同体。

（五）

家校沟通是有技巧的。

但是，家校沟通中，决定性的因素绝不是技巧，而是你的诚恳，你的目标，你的价值观，你对知识的热爱，你对孩子真正的关心，你生命中整体散发出来的向上感。"老者安之，朋友信之，少者怀之"，你就是这几句话的主语。

不沉溺于是非对错，检讨是非对错背后的深层问题，并且保持方向感。

不抱怨，抱怨不会改变人，接纳和理解会，会把所有的家长，团结在你的周围，因为无论如何，深层的目标，彼此是一致的。

是我们有问题吗？

不。

在许多时候，我们只是不成熟，我们只是惧怕被否定且因此心怀恐惧，我们只是缺少了必要的教学勇气。一旦我们长期处于不成熟的境地，失去了热爱，我们就会越来越多地在自己与家长之间，与学生之间，乃至于世界之间建筑起一座高墙，我们把自己关进监狱里。我们仍然是善良的，然而我们已经非常的乏味和平庸。

对我来讲，再也没有比平庸更难以忍受的事了。

第四辑

怎么解决学生棘手问题

学生早恋了，老师怎么办

有尊敬的客人来访，交流中问了我这个问题，当时的回答很简单。其实这个问题很有意义，很值得稍微多说几句。

一、早恋是个什么性质的问题

"早恋"本来就是个有意思的提法。因为恋爱本来就是一个伴随着性成熟的自然而然的过程，何来"早"之说？

"早恋"的说法，主要是文化性的。即要求学生抑制自身的感情，以避免影响学业成绩，进而影响了自己的一生。如果抑制不了，是谓"早恋"。传统的教育，传统的学校和家长，实际上是十分不尊重学生感情的，甚至是不尊重学生人格的，因此早恋在很长一段时间里，是属于违纪行为。

因此，对于早恋，基本上是打压和劝导两种处理方式。打压自不必说，劝导无非有几条理由：

1.早恋会影响学习，为了一段未必有未来的感情，牺牲了自己的大好前途，值得吗？

2.早恋是一种不成熟的感情，而且因为离结婚年龄还早，过程中有太多变数，你无法知道他（她）是不是十年后适合和你结婚的一个人。

然而，所有关于早恋的劝导，都是功利主义的。谁说恋爱一定以结婚为目的？或者必然地影响学习？重要的是，功利主义的劝告，往往敌不过人的自然本能。

在过去那个相对闭塞的时代，打压和劝导十分有效，因为整个舆论环境站在学校和家长这边。但是，在这个万物互联的时代，早恋不但成了一种普遍的存在，而且越来越公开化和成人化了。无论是学校还是家庭，都面临着新的挑战。我曾经问过一个省重点学校的学生，对方告诉我说，班上几乎人人都有男女朋友，甚至还有同性恋。这或许有点夸张了，但是早恋现象的覆盖程度，我认为是远远高出学校和家庭的判断的。可以说，打压不成，劝导无效，这几乎是处于教育无能为力甚至睁一只眼闭一只眼的状态。

因此，在新形势下，我们必须重新思考：早恋，究竟是一个什么性质的问题？

我的观点可以表述如下：

1.过去的教育，只关注分数，而不关注活生生的人。因此，才将早恋定义为一种有待纠正的错误，没有意识到学生也有自己的感情世界，并且需要理解和尊重。今天的教育，既然以人为目的，就不能简单地采用功利主义的打压或劝导，甚至加以惩戒，这是一种专制的方式。

2.在学生的生活中，必然地面临与异性的交往问题。那么，教育者不能走极端：或者视之为洪水猛兽，或者放任自流。学生的生活需要指导，这是教育的题中之义，那么，学生的交往也需要指导。因此，问题就变成了怎么指导学生正确地理解和处理感情问题。

问题是，今天的学校和家庭，做好准备了吗？

二、为异性交往树立规则边界

动辄将早恋视为违纪，并进行处理（甚至通报批评），这是极不合适的，是公共权力对私人领域的侵犯。学校或班级，要将学生的问题分为公共问题和私人问题，前者宜于管理，后者宜于教育（引导）。

举个例子，写个情书偷偷送给某个人，被老师截获了，然后公开批评，或进行各种处理，这合法吗？合理吗？可能许多老师都没有认真想过。

一旦对问题进行了区分，事情就变得简单了。

我记得网上有一条新闻，说某大学图书馆，一对恋人相依而坐，拥抱接吻，结果引来议论纷纷。据说当事人回应："这是我们的私事，你们管得着吗？"实际上，大学当然是允许谈恋爱的，大家议论纷纷，是因为在图书馆这样的公共场合发生亲密接触，已经不再是他们两个人的事，而是变成了一个公共问题。

同理，为异性交往树立边界，是指在校园里（特指中小学）的任何地方，无论是否有人在场，异性之间不能发生任何非正常的肢体接触，也不能在公共场合出现有关性的公开言论。

之所以强调中小学，是因为中小学不是大学，成员主要是未成年人。对未成年人的种种限制，本身是在心智成熟前设定的保护措施。许多学生并不清楚这一点，需要老师清楚地告知。

我的观点可以表述如下：

1. 学校不能对恋爱本身进行处理或惩罚，但是，非正常的肢体接触（包括拥抱、接吻或经常性的勾肩搭背），已经超出了私人问题的范围，因此，班级或学校有权根据情节严重程度进行处理，包括批评教育、约谈家长、校纪处罚乃至于劝退等。

2. 如果出现类似情况且比较严重，学校有义务通知家长，家长有权知道全部真相。因为家长是学生的监护人，他们拥有知情权，这是不以学生意志为转移的。

3. 必须让学生清楚地明白，这种情况下为什么老师必须做出反应。老师不做出反应是老师的失职，这并不属于学生的自由决定范围。

总之，一旦越过了某种界限，学生就必须为自己的行为付出代价。

三、老师有义务为学生与异性的交往提供指导

如果学生的早恋行为只是私下进行呢？学校就无权介入听之任之了吗？

当然不是。学校是一个学习的地方，如何与异性交往，当然也需要进行教学。可惜，当应试教育席卷一切的时候，学校往往既不去教育，也不会教育。

学校至少应该完成以下教育：

1. 一般意义上的交往教育，包括肢体接触的禁忌、交往中的语言修养等。并且将违纪问题与教养问题适当区分。

2. 完整的性教育，包括有关的性知识，以及各种情境下的自我保护。

这些教育是面向全体学生的，其中有些关键内容，应该成为一所学校师生的共识。

在此基础上，才涉及对具体学生早恋问题的指导。而在对早恋问题进行指导前，老师先要在观念上防止两种倾向：一是将早恋污名化；二是将早恋合理化。反对污名化，是指不能将早恋视为品行问题，从而在道德化后进行批判；反对合理化，是指不能反过来认为早恋一定是正常的，合理的，从而导致放任自流。

怎么提供指导？我的观点可以表述如下：

1. 如果学生的心灵是向你封闭的，那么，你就无法提供指导，也没有必要一定提供指导。任何指导，都必须建立在相互信任的基础之上。如果你希望提供指导，就要先建立关系。

2. 你必须帮助学生"认识自己"，以及认识这段感情的性质。"早恋"是一个非常宽泛的概念，实际涵盖了各种不同的异性关系，其中大部分甚至不是恋爱，只是一种朦胧的好感。而所谓的恋爱中，又包含了各种可能的关系：学业失败或信心不足时的避风港（在异性中寻求认同）；孤独导致的寻找温暖；缺乏人生方向或对学业十分厌倦时的填充物；家庭原因导致的情感需求；纯粹的青春期对异性的喜欢……在许多时候甚至多数时候，恋爱的对象只是一种象征物或替代物。因此，教师在取得学生信任的前提下，可以对此进行澄清，帮助学生回归到真正的意义与目的。

3. 如果是真正意义上的纯粹而纯洁的感情，教师可以尝试帮助学生在感情与学业之间寻求平衡感，或者说，让纯洁的感情成为发展的动力，而不是堕落的原因。一切导向堕落的感情，都包含有不健康的因素。真正的感情应该是健康的，让人变得更美好，更有尊严。

4. 大半的感情系误会，因缘而起，无疾而终。但学生会在这里经历心理震荡，老师可以帮学生平稳地度过，从而让这些经历，反而转化为有益的经验。

实际上，大半的早恋，都与生活之无意义或空虚有关，反映的是这一代学生内心的脆弱（或许每一代学生内心都是脆弱的）。如果学生的生活有着更多和更有价值的目标，这种情形就会大幅度地减少，或者至少控制在一个健康的程度内。不过，这是另一个话题了。

学生攀比，老师怎么办

先讲几点认识：

1.攀比植根于人性，无法消除也不必消除。它原本是一个中性的实然的概念，可能有利也可能有害。当我们把攀比作为问题提出来讨论的时候，主要是指超过某个尺度，给自己和他人造成困扰的畸形现象。

2.攀比的本质，是以错误的方式追求优越感。之所以说"错误"，是因为攀比在损害他人感受的同时，也往往损害了自己的发展。当攀比到达一定的程度，无法依靠生命自身的力量去觉悟或调节的话，就需要教育者的介入性支持。

3.攀比往往不是孤立现象。就是说，一个人很难"攀比"得起来，常常是一种小圈子的风气。

接下来，就直入主题，讲一讲对付攀比现象的技巧。这些技巧可以概括为：创设一个不易攀比的环境；开展关于攀比话题的讨论；帮助每个生命找到价值点；塑造没有攀比的班级文化。

（一）

假设一个路段，事故高发，怎么办？

最有效的办法，不是增强司机的安全意识，而是对道路进行深度改造，包括拓宽、增设辅道、铺设减速带、增加提醒标识、改善照明条件，等等。减少攀比现象也是如此，创设好的环境，有利于减少诱发攀比现象的因素。

老师可以与家长、学生进行约定，对可能诱发攀比的领域进行限制。列举如下：

1. 鼓励穿校服，校服数量不足可以添加班服（班服可以增加学生的自豪感和班级凝聚力），可以有效防止服装上的攀比。

2. 对可以带到学校的物品种类和数量进行限制，防止学生带奢侈品进来。比如，严禁学生带零食到宿舍（教室就更不可以了），对允许家长带到宿舍的食品进行严格限制，如只允许带水果、奶、面包，然后进行严格检查。对女生（也可以包括男生）使用化妆品进行严格限制。超出规定的物品，要向老师申报并表明必要性，获得许可后方可带入或使用。

3. 对电子产品的带入和使用进行限制。

4. 鼓励家长在为学生添置必要的用品时，尽可能团购，然后为物品制作私人标签以作分别。

5. 对学生在学校商店可以购买的物品种类进行限制。如果能直接限制学校商店的物品种类，就更好了。例如学校商店进货单必须符合学校规定，增加品种必须获得学校的同意。

是不是太严了？

当然不是，必须尽可能地满足学生的需要，但是不要助长他们的欲望，这才是根本的出发点。我反对千篇一律，例如女生必须剪短发之类，但是上述限制，原理和价值观与僵化的管理完全不是一回事。而且上述所有的规则都允许有例外，但例外必须以合理的理由获得许可。

需要提醒的是，这些举措，必须争取到家长的理解和支持，并且有些措施不能强硬地推行，例如购买班服（凡涉及财务的，老师理应回避）。但是你也不必取得每一个家长的支持，在家长不支持的情况下，允许部分孩子例外，比如不遵守上述某些约定。另外，有些家长本身是攀比的根源，你可以尝试说服他们，但不要勉强，只需要团结大多数，不让攀比成为风气就可以了。

消除了环境诱因，攀比现象至少就大大减少了，学生的注意力也容易变得专注。很可能，真做完这些，文章剩余部分就不必阅读了。

（二）

攀比是个群体现象。任何人的炫耀，都必须有足够的观众，否则，就成了"暗送秋波"了。因此，解决攀比问题，也要从整体舆论入手。

不要试图一次解决攀比的问题，可以根据不同的情境在不同的时期讨论几个核心概念：需要与欲望、尊重与羡慕／嫉妒。

这些核心概念，将成为学生理解攀比现象的基本工具，也有利于塑造他们健康的生活观念。

在小学低段，如果班上出现了攀比现象，那么，你要了解一下学生在哪些方面进行攀比，然后根据这些素材，设计一个或多个虚拟情境，鼓励学生进行讨论。

例如：

小明和小王是一对好朋友，小明家很有钱，小王家却比较穷。有两天，他们俩有一段对话。假如你是小明或小王，请你设身处地想一想，把对话补充完整，并思考怎么填写会比较好。

对话一：

小明：我家里可有钱了，我妈妈每天都用奔驰车接我回家！我觉得很酷！对了，你家里怎么连汽车也没有呀？

小王：（　　　）

对话二：

小王：我真羡慕你，你家里可真有钱！你妈天天用奔驰接你上下学。我妈妈只能用自行车接我，我家要是像你家那样有钱就好了……

小明：（　　　）

以"对话一"为例，小王的回答有几种可能：

1. 我真羡慕你，你家里可真有钱！你妈天天用奔驰接你上下学。我妈妈只能用自行车接我，我家要是像你家那样有钱就好了……

2. 你家有钱怎么了？有钱就了不起吗？不要太得意，小心哪一天就破产了……

3. 你真幸福！不过我也很幸福啊，我喜欢坐在妈妈自行车后面的感觉，搂着她，好温暖。

然后，逐一跟学生讨论这些回答，理解不同回答后面的心理，帮学生形成更好的理解和抉择。

实际上，情境设计可以有多种形式，但是，所有的设计，都要指向几种回答模型，并最终帮学生建构核心概念。或者说，这些情境设计，都旨在让学生思考下列问题：

1.那些攀比的孩子，他们为什么会这样？（理解）

2.如果你们家十分有钱，你会攀比或在别人面前炫耀吗？（选择）

3.如果你们家相对贫穷，你会攀比或者感觉到自卑吗？（选择）

4.如果总有人在你面前炫耀，或嘲笑你，你有几种回应方式？你觉得哪种回应方式最好？（应对）

如果到了中学（包括小学高段），可以设计有关攀比的作文或演讲，然后公开点评和宣读。这样做，除了帮学生澄清攀比外，还有一个显而易见的好处：一旦此事达成共识，或学生公开做了承诺（例如写了作文或发表了演讲），他就不好意思再违反了，这就是心理学上的"承诺／一致"原则。

（三）

以上是在讨论如何解决攀比问题，但未涉及攀比的深层根源。

如前所述，攀比是以错误的方式追求优越感，那么，要深层次地解决攀比问题，就需要消除攀比现象的心理根源。通常情况下，学生以外在的物质来表达优越感，往往源自学业上的落后甚至失败。学习不如人，他如何证明自己的价值？努力学习吗？万一努力了也不如人呢？结果是不可控的，还不如走捷径。

因此，帮助每一个生命找到自身的价值，这是教育真正的核心。

怎么帮助每一个生命找到自身的价值？这是一个很大的话题，这里只能陈述两个要点：

1.教育中对竞争的错误运用，使得一部分优等生成为其他学生的诅咒，这是要极力避免的。竞争是必须的，但竞争应该激发斗志，不能变成对人的机械的排名，不能变成对一部分人的贬低。一旦学生分了三六九等，那么，每个等级的人就会以自己的方式追求优越感，攀比也就有了自己的土壤。

2. 真正地帮助学生，而不要评判学生，更不能指责学生。学生哪怕是班里最后一名，也愿意在学习上投入努力，乃是源于老师的支持，而这是可能的。一旦学生注意力的焦点在学业上，那么，攀比的可能性就大大降低了。

因此，当你看到学生热衷于攀比时，你要当成一条线索或信号，很可能他在学业上遇到了困难（有时甚至成绩依然很好），或者丧失了意义感。固然要解决攀比的问题，但是比攀比问题更重要的，是让他回到更好的战场上来。

最后，我想说，班级出现攀比风，意味着班级管理可能出现了某种故障。当然，有问题是正常的，正是通过不断地排除故障，班级才得以健康发展。班主任需要排查：

1. 我们是不是丧失了目标，或者很久没有树立新的挑战目标了？赋予班级以目标，会把大家的注意力集中到一起。

2. 班级同学之间的关系是不是出现问题了？我们本来应该相亲相爱如一家人，为什么会出现这种炫耀行为？

攀比有时是班级管理松散的副产品，提醒班主任有必要整顿整顿了。

一句话，生命就是这样的，不开鲜花，必生野草。与其割草，不如种花。种花与拔草并行，那么，这一片园子必然欣欣向荣。

寒假了，怎么解决好孩子的手机管理问题

寒假不属于老师的工作时间，因此，老师不必为学生的手机使用情况负责。这是家长的职责，因为家长是孩子的监护人，有权利和义务帮助孩子做好自我管理，尤其是手机的管理。从法理上讲，家长拥有监护权，包括是否购买手机，以及对手机使用提出要求，作为允许孩子使用手机的前提。哪怕孩子是用自己的压岁钱购买了手机，也不能脱离家长的监控，否则，家长就没有尽到监护人的责任。

但是，师生之间的道德义务，不会因为假期而中断。老师可以和家长以及学生联合起来，共同对抗手机对于高品质的生活，尤其是学习的侵蚀。

因此，我们需要发起一项运动，号召一批想要挑战手机管理的同学，加入到手机管理的行列中来。

这项工作如何进行？

一、明确挑战目标

1. 目标。

终极挑战：不使用手机，或使用非智能手机（例如老人机）。

一级挑战：每天使用手机总时长不超过 1 小时。

二级挑战：每天使用手机总时长不超过 2 小时。

三级挑战：每天使用手机总时长不超过 3 小时。

四级挑战：每天使用手机总时长不超过 4 小时。

五级挑战：每天使用手机总时长不超过 5 小时。

2.例外。

例外一：下列时间不计算在内：

（1）通话时间。

（2）完成指定作业的时间，特指配音等任务。

例外二：大年三十和正月初一，使用手机无限制。

3.晚上10点至早上10点，为绝对禁止使用手机时间，包括为做作业用手机也不允许。

4.其他说明。

（1）可以使用电脑完成作业，但是，对于电脑上打游戏，要特别地形成另外的契约。

（2）严禁使用其他人的手机，以及同时使用两部手机。特殊情况确实需要，要予以说明。

挑战背后的价值观是什么？

是诚实。

诚实地决定是否挑战，诚实地反馈真实的使用情况，诚实地承认失败。

二、邀请参加挑战

因为是寒假，所以，参加挑战的同学，一定是自愿的，即自我决定的。老师的作用，是激励更多的同学参加挑战，同时让同学们明白挑战的难度，以便在做出决定时，知道自己在做什么，避免出现太多的违规行为。

一句话，自由选择必须是深思熟虑的。

那么，怎么邀请同学参加挑战？

1.通过适当的活动，让学生明白此项活动的目的和意义。

活动可以是班会、随笔、倡议等任何一种方式。旨在说服学生，理解手机管理对于整个学生时期乃至于一生的意义。

2.鼓励学生参加到挑战的队伍中来。

在这里，关键是要避免群体压力。学生可能在集体的影响下，不愿意做出选择，怕被认为是幼稚的；相反地，也可能草率地做出选择，实际上自己是做不到的。

因此，可以请学生仔细思考，然后隔天发给学生一张清单，让学生自己选择。清单中包含了挑战的级别，也包含了不挑战的选项。并且明确告诉学生，一旦选择了，就会与家长建立联系，让家长参与到监督中来。

3.对学生的目标进行调整。

学生往往很难切合实际地确定自己的目标。因此，老师要根据学生的实际情况，对目标进行微调。例如，多数情况下，在学生的目标上增加1小时手机使用时间（学生往往高估自己，低估实际手机使用时间）。少数情况下，要避免优生或自控能力强的学生选择手机时间过长，鼓励他们自我挑战。

4.重度手机控或游戏控，要与学生进行单独约定。

三、签署手机使用协议

手机使用协议是三方签署的，包括老师、学生、家长。协议文本见附件。

四、给家长的说明

可以用家长会或家长信的方式来说明。

给家长的说明中，要点是什么？

1.尊重孩子的选择，无论孩子选择挑战或不挑战。这个寒假选择不挑战的孩子，暑假里仍然可以选择挑战。也不要盲目地要求已经选择了挑战的孩子提升标准。

2.没有选择挑战的孩子，家长可以与孩子就手机管理问题进行讨论并达成共识，必要时可以咨询老师。

3.协议中要求家长协助的部分，家长要尽量地给予支持，不可为孩子隐瞒。

4.学校和家庭的共同目的，就在于为孩子的行为设立底线，孩子达到底线后，要给予孩子足够的自由空间，这应该达成共识。

五、手机管理的操作步骤

第一步：动员班会，提出目标，说明意义，鼓励学生参与挑战。

第二步：采集学生的选择，根据对学生的平时了解，进行适度修正并确保获得学生的认可。

第三步：向家长说明情况，包括这件事的意义、目的，以及需要家长做的工作，可以以家长信的方式来说明。

第四步：学生、家长、老师三方签署一式两份的协议。

第五步：放假伊始，家长和学生做好相应的准备工作，包括安装必要的 APP 等。

第六步：每天反馈前一天手机使用情况给老师或组长。未达到要求的学生，要做出相应的说明。连续未达标的学生，要跟老师有详细的沟通，或者老师跟学生及家长有详细的沟通。必要时由学生宣布挑战失败，并公开致歉。

第七步：老师每周进行一次小结，发布给所有人。

第八步：寒假结束后，通过班会进行总结。

六、相关建议

1. 可以用小组反馈的方式，训练小组长来进行日常反馈（可以增加小组长缘于管理需要的手机使用时间）。

2. 第一周要了解每个学生的情况，必要时逐一电话反馈，避免学生过早放弃。

3. 第一周内，允许部分学生调整目标，但要谨慎。

七、学校方面在手机管理上的协助

1. 发起寒假手机管理活动，号召班主任们参与，不方便的班级可以放弃。

2.在第一周内，每天汇总各班情况，之后三天一汇总，在专门的群里来交流。

3.疑难问题学校给出解决建议。

4.年前生成一轮大数据，年后生成一轮大数据。

5.开学以后，关于手机管理和假期作业，开展专门的少年演说家活动。寒假里就找相关的榜样学生。

6.学校也可以成立手机管理指导小组。

 附 件 一

2020 年寒假手机管理协议书

手机作为人类最重要的发明之一，理应服务于人类，使人更为自由和高效地面对世界，而不应该吞噬人类有限的时间，使人沦落为它的奴隶。作为我们学校的一名少年，我们更应该让自己成为手机的主人，而不应该让它成为自己成长道路上的陷阱。因此，经过深思熟虑，我决定加入寒假手机管理的行列，借助父母、老师、同学的力量，合理控制手机使用时间，将更多的时间，投入到更为健康的生活方式中去。

为此，我承诺——

1.在寒假期间，尽最大努力，完成手机管理的相关要求。

2.如果没有完成，心甘情愿接受相应的惩罚。

3.我将以人格担保，在此过程中不作弊。我宁可宣布挑战失败，也要在父母、老师和同学面前保持诚实。

一、寒假期间我的目标

1.我选择了____挑战。

终极挑战：不使用手机，或使用非智能手机（例如老人机）。

一级挑战：每天使用手机总时长不超过 1 小时。

二级挑战：每天使用手机总时长不超过 2 小时。

三级挑战：每天使用手机总时长不超过 3 小时。

四级挑战：每天使用手机总时长不超过 4 小时。

五级挑战：每天使用手机总时长不超过 5 小时。

2.我接受下列约束：

（1）允许父母在我的手机上安装相应的 APP，并进行设置。

（2）除了大年三十和正月初一，不在晚上 10 点至早上 10 点之间使用手机。

（3）不使用第二部手机，或其他人的手机。

（4）尽量不使用电脑（做作业除外）和 iPad，若不得不使用，会计入时间，并在反馈时予以说明。

（5）若不得不违反上述第二、三、四条，则提前或事后及时予以说明。

3.挑战的期限为：2020 年 * 月 * 日至 2020 年 * 月 * 日。

二、我享受的权利

1.在规定的使用时间内，我使用手机原则上不能被干预（无论是父母还是老师）。强调"原则上"，是指不能做违反原则的事，例如浏览不健康网站等。

2.出现超时使用手机或其他情况，我有权为自己辩护并说明原因，但接受老师的裁决。例如，因做作业或必要的通话使用手机时间过长，则可以申请扣除相应的时间，但必须用记录来证明这段时间是用于做作业或通话的。

三、我履行的义务

1.每天在约定的时间内上传手机使用记录。若有违规，要说明原因并接受惩罚。

2.若当天超出了使用时间，则在次日减少超出时间的 2 倍作为惩罚，不够的部分顺延到后天，三次超出使用时间，则意味着挑战失败。

3.一旦挑战失败，在班级群发布不少于 300 字的致歉书。（获得谅解后，老师不再反馈跟进）

学生_____   父母_____   老师_____

2020 年 * 月 * 日

关于手机管理，致家长书

亲爱的家长朋友们：

大家好。

手机（也包括其他的电子产品）在给人们的生活带来方便的同时，也在严重地影响着少年一代的身心健康，产生的负面效应不言而喻。因此，帮助孩子管理好自己的手机，也成了摆在家庭和学校面前的重要任务。

家长作为孩子的监护人，有权利和义务帮助孩子做好手机管理。从法理上讲，家长有权决定是否为孩子购买手机，有权对手机使用提出要求。哪怕孩子是用自己的压岁钱购买了手机，也不能脱离家长的监控，否则，家长就没有尽到监护人的责任。

寒假不属于老师的工作时间，老师本不必为学生的手机使用负责。但是，师生之间的道德义务，不会因为假期而中断。因此，老师希望并愿意和家长联合起来，共同帮助孩子做好寒假手机管理的工作。今年寒假，我们老师团队打算做初步的尝试，和家长联合起来，共同打响手机管理这场战役，恳请家长朋友们尽可能地予以支持。

一、调整好心态，把握住原则

对于许多家庭来说，寒假的亲子关系，都不那么令人愉快。因为孩子的表现，经常并不符合我们的期待。这容易导致冲突，夹杂着讲道理、强迫、惩罚、冷战以及放任。实际上，任何生命选择"自由落体"都是自然的，选择逆风飞翔是不自然的。而在家庭教育中，我们要做的不是责怪孩子，而是正确地施加正确的力量，帮助孩子形成自我管理能力。

所以，调整好心态，把握住原则，在寒假手机管理中显得尤为重要。

调整好心态，是说寒假孩子总想着"放飞自我"，是可以理解的自然现象，不必大动肝火或耿耿于怀。把握住原则，是指要和孩子形成清晰的游戏规则，把游戏规则作为亲子生活的基础。如果一件事在规则之外，那么也可以在事后形成规则，或者说与孩子达成共识。

那么，哪些可以作为假期共同生活的指导原则呢？

1.尊重孩子的人格。尊重孩子，与孩子的表现无关，是家长的自我约束。表现为不动手，不羞辱，不经常贬低，不与别人家的孩子比较。

2.在规则的框架下，尊重孩子的自主性，尊重孩子的选择空间。

3.不要在底线问题上退让。

4.以说理的方式沟通。

5.不要轻易承诺，承诺的事一定要做到，无法做到就要道歉或以另外的方式弥补。

确定了指导原则，接下来，要明确一些基本的规则。规则是可以与孩子协商的，但也有一些规则，是不可以协商的，要孩子一开始就非常清楚：

1.必须完成假期作业。并且，在年前假期作业必须完成一半以上。这是不可讨论的。

2.跟老师或家长签订的协议，必须严格执行，实在无法执行，也要确保不是轻率退出的，并且，退出时要付出代价，包括必要的公开道歉。

3.要诚实，抄袭作业或其他形式的作弊，也要付出代价。

凡不可妥协的原则或规则，就不要妥协，不惜发生冲突。若想避免或降低冲突，可以缓和处理，但也必须"温和而坚定"，而不能无原则地退让。

二、做好监督和协助工作

一旦孩子签署了协议，家长要明白几个事实：

1.孩子做不到，很正常。成人觉得很容易的事（实际上可能也不容易），孩子需要付出很多的意志力。因此，不要急于指责孩子，而要鼓励和帮助孩子来完成挑战。能轻易做到的，就不叫挑战了，对不对？

2.第一周是最艰难的。因此，在这一周的每一天，都要和孩子详细地讨论。如果孩子一开始没做到，不要急于讽刺或指责，而应该和孩子分析一下问题在哪里。等孩子能够达成目标了，再逐渐放手，直至形成习惯。

家长要做的工作是什么？

1.配合老师的要求，给孩子的手机安装相应的APP，或者利用手机现有的统计功能。统计功能要能精确统计出孩子的手机使用时间。

2.晚上10点至早上10点之间，手机没收。如果孩子比较自觉，也可要求设置好定时开关机。

3.在约定的时间，孩子必须上传手机使用清单。家长不必频繁催促，但是，一旦孩子没有履行义务，就要和老师一起弄清楚原因，督促孩子完成义务。

4.如果孩子完成得好，及时给予鼓励。

5.遇到无法解决的问题，把问题描述清楚，然后发给老师，由老师团队来集体研究。

三、可能遇到的问题

问题一：孩子没有签署协议，怎么办？

答：孩子没有签署协议，很正常，要尊重孩子的权利，否则就不是自由选择。而且，不建议家长采用说服、强迫等手段来迫使孩子签署协议。毕竟，老师不发起这个运动的话，难道寒假就不过了吗？

然而，虽然孩子没有签署协议，不代表家长就一定放任自流。家长仍然可以在手机使用方面，和孩子达成一些共识，并严格执行。例如限制手机使用时段，对作业提出要求并将手机使用与作业挂钩等。

问题二：孩子签署了协议，但实际上做不到，甚至很快就放弃了，怎么办？

答：签署协议的孩子中，我们预计80%的孩子会做不到。

我们的目的，不是这个寒假让孩子一定得做到什么，而是将自我管理当成一个漫长的修炼过程，慢慢来，不求毕其功于一役。让孩子经历这个过程，也包括了让孩子经历失败。

当然，作为家长和老师，要就每一例情况，跟孩子有深度沟通。哪怕放弃，也不能轻易放弃。哪怕放弃了，仍然在手机管理上要有一定的要求。

开学后，学校会有配套的课程来总结，这次活动，只是一个开端。教育是个慢功夫，要有耐心。

问题三：孩子虽然签署了协议，但选择的手机使用时间过长，怎么办？

答：哪怕选择了每天使用5小时手机，本质上也是一晃而过。成人每天使用手机的时间，实际上远远超过了5小时。而保留这么长的时间，是为了一些手机成瘾的孩子能够有一个缓冲的空间。毕竟，寒假之后，还有暑假呢，以后还有周末呢，慢慢来，不着急。

问题四：家长在上班，没有时间为孩子提供反馈，怎么办？

答：所有的问题同时也是契机。使用手机APP，目的就是借助技术力量自动统计，跟家长是否在家关系不大。但下班后，要加强跟孩子的沟通交流。并且，多鼓励和研究问题。

问题五：控制了手机，还有电脑和 iPad 之类，怎么办？

答：这种情况，仍然要跟孩子约定好。例如，如果孩子更习惯用 iPad，那么也要安装相应的 APP 进行统计。凡遇特殊情况，都要几方协商。

问题六：孩子是重度成瘾者，家长根本管不住，怎么办？

答：这种情况，不在本次活动范围之内，可以单独讨论。总体的原则，还是与孩子沟通达成共识，进行必要的控制，然后逐步改善。必要时，可以请求老师甚至校长协助。

孩子在学校吃不饱饭，老师怎么办
—— 如何将生活转化为课程

生活与课程相脱节，一直是一个严重的问题。结果是，知识并未转化为力量。例如，在教室里学习写作，花了大量的时间练习所谓的锦绣文章，然而在生活中，教师写不好一个通知，学生写不好一个留言条。在教室里尝试教审辩式思维，然而在生活中，凡事意气用事居多，所教和所学的知识似乎全然没有影响。总之，教室里习屠龙术，生活中杀不了一只鸡。

为什么？

一个原因是，教室里的学习，容易带来虚假的安全感和掌控感，而真实的生活，则充满了不确定性。在这种情况下，教师很难拥有相应的教学勇气，将生活中的大小事件，当成教育教学的资源加以利用，从而真正地训练学生和自己。

举个例子，有家长反映，有段时间孩子在学校里一直吃不饱，希望老师跟学校食堂反馈一下。那么，老师怎么处理这件事？

一种很自然的处理方式是，将家长的信息复制或截屏给学校。这样处理是没错的，也很节约成本。但是，如果我们有意识地将生活当成课程，把发生的每一件事都当成课程资源，那么，还可以如何解决这个问题？或者说，这件事，还可以如何利用它？

一、问题究竟是什么

确定问题，在问题解决中是最重要的一步。那么，在这件事中，问题是什么？

问题是"有一个学生一直没吃饱饭"吗？这显然不是问题，只是信息，或者说未经查证的事实。根据常识判断，在"一直没吃饱饭"的表述中，可能还存在着事实与感受的混淆，有待澄清。

问题是"怎样确保这个学生能够一直吃饱"吗？这也很难说，因为这个问题要成立，必须以"一直没吃饱饭"作为前提。在没有明确事实的前提下，问题仍然是暧昧不明的，因为还存在着多种可能性，不同的可能性，指向不同的问题。

因此，要弄明白问题，就需要有一个调研的过程，这是一个弄清楚事实与问题的过程。

例如，可以调研一组问题：

1.最近三天，哪一顿或哪几顿没有吃饱？是早餐、午餐还是晚餐？

2.在取餐的过程中，有没有人限制取餐的数量？是限制一次取餐的数量（例如提醒先少打一点，吃完再打），还是限制整体取餐的数量？

3.是餐厅提供的食物数量不足，导致取餐或添餐时不够了吗？

4.是餐厅有饭，但是食物过辣，或不喜欢吃导致的吗？

5.是因为课程等原因（包括有教师习惯性拖堂）导致经常性去晚了，最终没饭吃了吗？

6.吃不饱饭的情况，是个例，还是普遍现象？有多少学生有类似的经历？

……

在这个过程中，特别重要的是区分感受与事实，把事实找出来。一旦事实明确了，问题就确定了。问题可能是：

1.餐厅如何统筹安排，确保每个学生不受限制地吃饱？（这里又有三种可能：食物总量不足；食物烹饪有问题，比如过辣；食物调配不当。）

2.如何帮助学生克服挑食的现象？

3.如何确保学生准时就餐？

……

如果没有弄清楚问题，那么，餐厅就很难改进。因为他们也会很困惑：是我们做的饭太少了吗？很有可能，一方面食堂存在着大量浪费，每顿饭要倒掉不少，另一方面也有学生会反映吃不饱饭。

二、元认知：换一种方式提问

所谓的元认知，就是对解决问题过程本身的反思，包括检查和反思自身与他人的人格、情感、认知模式等。

仍然以这件事为例，教师不妨问自己两个问题：

1.学生为什么不自己解决问题，而要请家长出面帮忙解决？

2.学生为什么是找家长解决问题，而不是先找老师？

这两个问题都事关重大，已经不是一个吃饭问题了，而是涉及更为根本的问题。对这个更为根本的问题的理解与应对，将可能带来一间教室的持续而深刻的进步。而这，正是暮省应该予以讨论的。

例如，跟学生讨论：

1.如果你没有吃饱饭，那么，你觉得这件事找谁解决最为合适？（厨师／餐厅负责人／校长／老师／家长）

2.你通常会倾向于找谁？为什么你倾向于找这个人？

3.不是所有人都能帮你解决问题，那么，你找人解决的先后顺序是什么？

4.从道理上讲，你可能知道解决问题的正确顺序，但为什么在实际行动的时候，并没有按这个顺序进行？

5.如果你是靠自己解决问题的，那么，有哪些策略可以更有效地解决问题？你觉得最优策略可能是什么？

......

实际上我们知道，学生遭遇问题，经常缺乏勇气去自己解决，而倾向于把问题推给父母，由父母帮助解决，许多父母也乐于替孩子出面。不只是父母，连老师都经常遏止不住照料学生的冲动，很难自觉地、理性地鼓励他们自己解决问题，只以协助者的身份出现。

在这里，元认知层面的省察，就拥有了重大的教育学意义。因为我们有可能从一件件小事出发，让学生学会勇敢地表达自己的感受和想法，积极地且以恰当的方式与人沟通，最终穿越一件件小事成为问题解决者，从而"学会生活"，并在此过程中发展了智力与情感，提升了社会化水平。

学生为什么有事找家长，而不是找老师？这是老师要加以省察的。这里有两种可能：一是师生关系还没有发展到让学生觉得可以在教师这里倾诉心声的程度，或者学生担心找老师会被斥责；二是老师没有教会学生解决问题的程序与方法。例如，哪些问题要及时告知老师，学生没有得到相应的指导，自然首先想到的是父母。那么对老师来讲，一个挑战就是：如何将大多数问题消化在教室里，而不要轻易麻烦家长？

三、教师成为问题解决者

这是元认知的另一个层面，教师如何反思自身的认知模式，以及问题解决过程？

仍然是那个问题，教师的反应很容易是——

这是餐厅（或学校）的问题，与我无关，你们没有照顾好学生。

很爱学生的老师，还会站在学生这一面，滋生出抱怨：你们怎么搞的，竟然让学生都吃不饱饭？！

然而在这里，有几项修炼是非常重要的，很可能让教师成为一个卓尔不凡的人——

1.每一个人，包括教师本人，从自身看过去，都是主体，都要修炼直面问题的勇气与智慧；

2.所有的问题，都不只是一件有待摆脱的麻烦，更是一个可以利用的机会；

3.问题的本质，不是餐厅人员与学生的冲突，而是餐厅人员、学生、教师共同面对一个问题，经由这个问题的解决，所有人都可以增长经验。

很多时候，教师会任由问题发生。为什么呢？他觉得不是自己的事，是餐厅的事，他也不愿意替孩子出面提出问题，因为他怕损害同事关系，或者领导会对自己有什么看法。有这种想法属人之常情，但对教育者来讲，是一个"近乎无事的悲剧"。因为它充分证明了，你在哪怕如此小事上，也缺乏勇气与担当，无法替自己的学生争取权益。那么，你在教室里，如何开展道德人格课程？这甚至跟学校文化无关，学校文化是另外一件事，毕竟，如果大家都缄默不语，校长就要反思。但问题是，作为主体，你的选择不应该被环境决定，而应该被你自己决定。

这是勇气问题。有无勇气，对师生关系也有很大影响，学生渴望正直而有勇气的老师。

在这个过程中，还可以发展智慧。例如，如果你觉得餐厅工作人员也很辛苦，不忍心公开批评，那么，你完全可以私下沟通，将对人的理解与解决问题的努力结合起来。——当然，从学校管理者的角度出发，除了少数不宜公开的问题外，公开讨论问题，才是应该倡导的。

将问题视为麻烦还是机会，将带来完全不同的心理状态和行为方式。觉得问题是麻烦，那么就会烦恼、沮丧，并且抱怨。骨子里，我们总是希望多一事不如少一事。但是，如果将问题视为机会，就会兴奋。利用这个问题，不但让学生得到发展，而且让自己得到发展，甚至让一所学校得到发展。一定程度上可以说，谁持久地如此发挥影响力，谁就在无形中领导着学校。

最重要的是，将"对事不对人"作为最深的原则之一，在生活中加以运用。这一点极其艰难！我们很难宽容别人。这不是因为我们不好，而是因为我们缺少一些有待修炼的能力，例如站在对方角度思考问题的能力，也缘自我们内在的脆弱与无力感。毕竟，跟学生一样，当我们以并非最佳的方式解决问题时，内心总是回荡着一种呼喊："你没照顾好我！"这种被爱情结，是心理不成熟的表现。成熟的心理，反而会说："让我来帮你解决问题吧。"这不仅体现了一种解决问题的能力，本质上也是"爱的能力"。

尾声：多个主体，多个课程

显然，我在这里没有提及餐厅应该如何思考，校长应该如何思考。假如有一个上帝视角的话，最应该做出真诚回应以及作为问题解决主体的，依次是餐厅和校长。

然而，主体性原则的含义是，从每一个相关人的角度看过去，自身即主体。与其期待别人改变，不如以自身的改变，来带动环境的改变，这就是领导力。当然，这跟基于游戏规则要求对方履行义务并不矛盾。

无论如何，回到开头，我想要表达的是——

我们要有勇气和智慧直面问题；

我们要将问题，不，将生活本身当成活生生的课程，发展学生，发展自身，并使团队获得发展，使每个人日趋完美；

无论何时，我们都不要将枪口指向彼此，要牢记，我们是相亲相爱的一家人。

第五辑

成长在教育细节中

怎样正确地发出一条通知

我们每个人时常需要发通知，如会议通知、教研通知、家长会通知，等等。然而，这件貌似简单的小事，许多人却未必能做好，或者说，经常做不好。

例如——

1.对方可能没看到通知，或者不是所有人都看到了通知；

2.对方虽然看到了通知，但真到执行时忘记了；

3.对方看到了通知，但是没看明白；

4.对方看明白了通知，但心里不舒服，对通知或通知发送者产生了抗拒心理。

如果通知没有送达，或者没有产生好的结果，发送通知的人通常会怎么理解？

错误的姿态是：我已经发过了呀，你们没看，看了也不关心，怪我噻?!

正确的姿态是：我在发出这条通知时，哪里考虑不周，导致了这种结果的出现？

1.反馈：为什么对方会没有看到通知？

原因可能很多，你可能在错误的时间、错误的地点，以错误的方式发送了通知。你无须过多考虑究竟是什么原因造成的，你只需要完成一个标准操作就可以了。

这个标准操作就是：获取反馈。

你发出一条通知，并不代表通知就送达了。例如你给我发了一条手机短信，显示发送成功，不代表我就一定看到了。可能系统故障，可能被软件误处理为垃圾信息，可能我丢手机了或换号码了，最奇葩的一次，是我正在批量删除短信时，一条短信进来了，我都没来得及看内容，就被误删除了。

例如，你可以在通知后加一段话：请回复"收到"，一小时内未回复，将逐一电话通知。

只有对方做出了反馈，才代表传递信息／通知这个操作真正完成。如果没有反馈，你就要有进一步的措施，比如进行提醒，用 @ 对方的方式、短信的方式、电话的方式、当面的方式，均可。从发出通知到提醒的时间间隔，视通知内容及重要程度而定。

这只是一般原则，具体操作时，依场景而定。例如，有些通知是不需要回复的，只是告知而已。像我们学校使用钉钉系统，根本就无须要求回复"收到"，只要看一下谁读过谁没读过，没读过的，短信叮一下就可以了。

2.时机：为什么对方会忘记你发过通知？

你可能很委屈，你周一就发通知提醒家长，下周的时候要让学生把轮滑鞋带到学校来。家长也都纷纷回复"收到"，但是到了下一个周一，仍然有一批家长忘记了提醒学生带轮滑鞋，导致你的轮滑课很难正常进行。

不是所有的信息接收者记性都很好，或者有良好的笔记习惯，或者将你的消息置顶。你不能假设别人将你的通知当成优先任务。因为人都是自我中心的，对你来讲重要的事，在别人那里，可能只是每天流过大脑的无数信息中的一个，被遗忘是特别正常的事。否则，大脑虽然很厉害，带宽仍然不够用。

你要做的，不是责备对方，并期待对方下次不要忘记，而是减轻对方的认知负荷，或者说减轻对方的记忆压力。

怎么做？

两招：在适合的时候发送信息；设置温馨提示。

例如，你爱人下周要出差，你可以现在提醒他，"到时候不要忘记带身份证"，你也可以在他要离开家门之前，提醒他不要忘记带身份证，你觉得，哪一个时机更好？

回到刚才的通知，你可以一周前就发通知告知家长，要为孩子准备轮滑鞋，下周带到学校。这个通知是有益的，因为孩子可能没有轮滑鞋，需要家长购买，你通知发得早，家长就有了购买时间。这个时机也算是恰当的。但是，如果你在家长送孩子来学校之前再发一次温馨提示，会如何？

这貌似是"冗余设计"，因为通知已经发过了，但这是双保险。如果双保险对个别家长仍然失效呢？实际上你已经知道这个家长会是谁了，那么在关键时刻，你可以打电话或发短信再提醒一下，确认他确实带了轮滑鞋。

帮他解决问题，比责备他更重要。

与其期待别人改变，不如改变自己的行为。这就是问题解决者的姿态。

3.清楚：为什么别人看不明白你的通知？

看不明白有两种情况：一种是你确实没写明白，缺少了一些要素；二是你不了解信息接受者的处境（包括理解水平），导致了信息被误读。

例如，你发一个通知说，全体教师，下午参加教研会议。那么，许多人就晕了，你所谓的"全体教师"是什么含义？既然是教研会议，包括行政后勤人员吗？究竟是下午几点参加会议？会议大概多长时间？会议在什么地方召开？需要做什么准备吗？……

以前在北京办学，有老师给家长发了一个通知，让家长到某部门给孩子办一个什么东西。结果有家长就去了，克服了堵车，又排了半天队，终于到了窗口，被告知少带了某个关键证件。如果当初发通知时考虑到各种注意事项，说清楚了，就不会折腾家长了。

再看一个通知：明天下午3点，请小学部全体班主任，带上纸笔，在五楼教研室开会，讨论期末庆典的准备工作。

这个通知算是要素比较齐全了吧？

问题也可能发生。"明天下午"，"明天"是什么时候？要是我第二天一早才看到信息，"明天"就可能让我产生疑惑。如果你加上一些"冗余信息"，可能就好很多。例如，"明天（星期五）下午"，是不是信息就明确了许多？

清楚的信息，并不是越多越好，而要恰到好处。毕竟，所有的信息都在语境中，共同拥有的语境，方便省掉许多信息。例如，第三节课大家一起听了一节语文课，临时决定第四节评课，那么，你的信息可能很简单，就变成了："紧急通知：请刚才在 *** 教室听课的语文老师，第四节课在五楼教研室参加评课。"

4. 得体：为什么别人看了你发的通知心里不舒服？

通知也可能让人不舒服。例如，有错别字、病句。

咳，这就不说了……就像去相亲，脸没洗干净，牙齿上还有韭菜。总之，一下子就自毁形象了。如果你是以学校的名义发的，那么更惨了，整个学校的格调都受到了影响。检查推敲一下语句，难吗？

有时候，标点也容易出现问题，包括无标点，以及频繁地使用感叹号。比如："请全体教师下午三点去六楼会议室开会！不得缺席！有事请向部门负责人请假！"这是开战备会吗？

上面这些，算是通知的"身体缺陷"。

通知还有"仪容仪表"。例如，你的通知讲了几层意思，分层或分段是否准确？你的通知是否根据对象使用了必要的修辞，例如敬辞？

通知还有自己的"灵魂"，或者说价值观。例如我们试拟一则通知：

"今年评职称的老师，请下班前速来办公室领取并填写表格，过期不候，责任自负。"

我对"过期不候""责任自负"之类的措辞，向来深恶痛绝。这样的通知，暴露了发送通知者内在的价值观。在这里，你看不到体贴关切，看不到行政部门应有的服务意识，看到的是权力主宰下的骄横。

让人舒服的通知，一定是站在对方的角度为对方着想，将可能产生的误解通过清晰的解释或表述消除掉，有一种为对方考虑的得体与周到。例如，上面的通知也可以这样写：

"刚才接到教育局通知，要求明天早晨 9 点前将填写好的职称表送到人事科，请今年参评的老师尽快到办公室来领取并填写表格。办公室有表格填写的样例，并有专人提供协助。如果因为上课等原因不方便来取，请电话联系我们或者留言，我们会送表格过去。时间紧迫，请大家务必抽出时间来完成。预祝大家职称评定顺利！"

写通知似乎是一件小事。

但是，能把一份通知写好的人，在人群中少之又少。毕竟，一份小小的通知里，同时包含了语言的、修辞的，以及文化的自觉性。小处不可随便啊！

为什么要教学生学会鼓掌

（一）

如果你站在舞台上，鼓足勇气表演了一个节目，或者发表了一次演讲，然后你看看台下，没有人为你鼓掌，或者掌声稀稀拉拉，请问你是什么感觉？如果台下回报你的，是一阵礼貌的甚至热烈的掌声，你又是什么感觉？

许多学生甚至老师，有一个困惑：这个节目明明很一般，甚至并不好，我为什么要鼓掌？尤其你老魏，怎么老是你？我最怕你演讲了，还要我鼓掌，这不是很违心的一件事吗？要不要鼓掌，应该是自由选择的。鼓掌应该是发自内心的，而不应该变成一种义务。

更进一步，我是否鼓掌，掌声热烈与否，本身就代表了一种态度，是对表演者的一个反馈。你有勇气站上这个讲台，就应该承受相应的后果，无论是荣耀还是难堪。

你怎么看待这个问题？

我的观点是，我们不但应该鼓掌，而且我们应该教学生学会鼓掌。

为什么？

这是一个表演者应该获得的起码的尊重，跟演出的效果无关。这掌声代表一种感谢：谢谢你为这一时刻所做出的努力，无论效果如何，你尽力了。并且，剧场是一个公共环境，在这里，我们的一举一动，也在塑造着其他人，我们的掌声所传递出的激励，本身就是文化的一部分。

（二）

可是，我明明不喜欢这个节目，我还要鼓掌，这不是很虚伪吗？而且，难道我都没有不鼓掌的自由吗？

这种观点，似乎也很有道理。那么，我们怎么理解？

实际上，在这两种观点的背后，潜藏着两种观念的冲突，即自然主义取向与文化主义取向的冲突。

自然主义与文化主义，本质上是两种理解方式，并不存在谁优谁劣的问题。但是在具体的语境中，我们采取哪个立场，就显得很重要了。例如，我的观点显然就采取了文化主义的立场。以吃饭为例，自然状态下，我可能是狼吞虎咽的，这是自然主义取向，率性而为。但教养告诉我，某些时候，与别人一起进餐，要细嚼慢咽，并且不同的餐具有着不同的使用方法。这是文化主义的取向。当然，两种取向并没有绝对的分界。教养一旦内化为自觉，教养与自然的界限或许就消失了，教养就有可能成为一种新的自然，自觉的、被驯化过的自然，这实际上已经是自由了。

那么，在剧场情境中，我为什么更倾向于文化主义立场呢？

因为这是一个交际语境，或者说是一个社会语境。在一个社会语境中，采取文化主义的立场，更符合整体利益的最优化。

你可以说，鼓不鼓掌是我的自由。但是，当演出者无法获得起码的掌声、起码的尊重时，人与人之间的关系便被冷漠化了，成了一种纯粹功利主义的交易，我们变得不再相互关心，这不是人与人之间相处的最好的模式。

在这里，以自由，不，以自然之名，我们实际上强调的是"跟着感觉走"，而以文化之名，或以教养之名，我们实际上强调的是"做对的事情"。显然，自然主义的取向，无法导向有温度的社群。

（三）

我很喜欢"罗辑思维"的一种说法，将尊重分为两类，一类叫应得的尊重，一类叫赢得的尊重。

举个例子，任何人在学校工作，就像在舞台上演出，都应该获得一份尊重，这叫应得的尊重，无论是校长，还是同事。但是，你的工作越出色，越具有创造性，对团队贡献越大，越能够赢得大家的尊重。就像我做校长，我也知道，必须以自己的努力去赢得尊重。别人可以很客气地对待你，这是应得的尊重，但是，你要别人发自内心地认可你，就只能去赢得。

鼓掌也一样。

每一个演出者，都应该获得一份应得的尊重。有些演出者，将获得一份赢得的尊重。他们获得的掌声，将非常热烈。更重要的是，在演出结束后，他们也将在很长时间内留在观众的心中。

（四）

然而，"应该鼓掌"并不是"必须鼓掌"，前者是倡导，后者是命令。

什么是命令？命令就是你没有做到，你会受到相应的惩罚。

什么是倡导？倡导就是我试图说服你应该怎么做，你没有这样做，我也无权惩罚你，但会影响我对你的看法。

并且，并不是所有时刻，你都需要鼓掌。比如，如果你根本没有认真准备，那么，你就没有尊重观众，就像你没有认真备课，实际上也没有尊重学生一样，那么，观众未必会鼓掌。再如，台上的节目令你极度不适，你不必鼓掌。就像你家里来了你很讨厌的人，你未必就一定要维持必要的客套一样。如果舞台上站的是俞敏洪，他演讲中说女性要为社会的堕落负责，这个观点引发了我的不适，我就没有必要鼓掌。我不鼓掌，就是我的一个态度。

但是，有些掌声是需要干涉的，例如鼓倒掌。当然，也包括某些刺耳的嘘声。除了极少数的例外，都要明确地说："不可以！"这不是倡导或建议，而是要求。

要持续改进学校的剧场环境，乃至于公共生活，那么，教会学生鼓掌，我认为是十分重要的。

每一个孩子都需要一顶桂冠

每个班上都会有几个孩子，我们称之为"上天的礼物"。我们该怎样帮助他们？

（一）

跟他咒语般地重复"棒棒棒，你真棒！行行行，你真行！"？

跟他讲暂时落后没关系，要坚持不断地努力，并且相信未来？

让他接受现实，我们只跟自己比，每天进步就好？

……

这些可能都有用，但都更像麻醉剂。为什么？当我们无能为力的时候，就更倾向于诉诸态度。似乎通过作用于态度，我们就能够有效地改进儿童的行为。实际情况恰恰相反，我们往往只能通过改变行为去改变态度，而不是通过改变态度去改变行为。

这一点我们许多老师已经知道了，孩子需要的是具体而微、滴水穿石的辅导，在此过程中不断地通过进步积累信心。这种额外的辅导，除了能够帮助孩子获得实实在在的进步外，还给孩子一个暗示：老师没有放弃你。这个暗示也至关重要。

（二）

但这就够了吗？

不够，远远不够。你可以补习数学，让一个特别差的孩子取得很大的进步，甚至摆脱了倒数几名。但哪怕他补到了班级中游，数学仍然是他的伤痛而不是骄傲。

什么是孩子的骄傲？就是在同伴中，让孩子引以为自豪的领域或能力。换句话说，孩子需要一顶桂冠，每个孩子都至少需要一顶桂冠。

而且，不是空洞的表扬，那只是纸糊的桂冠，孩子需要真正的桂冠。

我读书的时候，除了成绩好，如果站在旁观者角度，可以说是一无是处。身体素质差，又不擅长与人交往，要么学习，要么看课外书。连家人都说我"四体不勤，五谷不分"。可是，仅仅成绩好，爱读书，作文好，就让我的生命始终保持一份骄傲，甚至觉得"天生我材必有用"。初三时班主任在我作文本上留言"天将降大任于斯人也"，更是让我膨胀到了极点。

考试成绩只是一张门票。但是，读写能力却实实在在地算得上我的一顶桂冠，一直支撑着我到今天。

（三）

对一个孩子来讲，桂冠是什么？

可能是某一门功课特别好，也可能是所有功课都不好但是擅长跆拳道或者舞蹈。甚至，他只是字写得特别好。只要提到某个领域或某件事，他就超级自信，脸上充满了光彩，这就是他的桂冠。头戴桂冠的孩子，脸上是有光的，其生命是有光的。

有一位家长，认为孩子成绩不好，想要停掉孩子酷爱的舞蹈课，让孩子把花在舞蹈课上的时间节约下来，放在教材的学习上。

我对她说，孩子成绩不好，不是因为舞蹈。停止舞蹈的学习，无法让孩子成绩变得更好，甚至可能变得更糟糕。万一真的因此在成绩上有进步，那么，进步或许是暂时的；如果进步不是暂时的，那么，至少成本是高昂的。

假如我的父母在我读中小学的时候，不让我接触课外书，我就没有机会在文学中沉浸，我也就无法拥有水平线以上的读写能力，我也无法在自己的职业中获得成就。而且，我的灵魂将缺少一个高品质的栖息地，我很可能成为一个庸俗不堪的人。

更重要的是，因为头戴桂冠，我们更有可能去挑战自己所不擅长的领域。就像我挑战演讲、吉他或健美操，我能坚持下来的核心原因之一，就是我生命的整体价值并不依赖于这件事的成败，我反而更能够放下包袱，真正地去学习。

所以——

不要剥夺孩子的热爱。

孩子的桂冠，可能与天赋有关。孩子在天赋领域，会比同龄人有更多的优势。

孩子的桂冠，可能与训练有关。因为孩子经受了某方面的训练且不抵触，比同龄人更强，结果获得了自尊，并不断地强化了自己的优势，最终拥有了特长。

（四）

怎么帮助每一个孩子至少拥有一顶桂冠？

如果班上有一个孩子，什么都不行，怎么办？

实际上，根本就不存在"什么都不行"的孩子。认为孩子"什么都不行"，往往是因为我们看待生命的角度太过于单一，例如学科成绩。在应试教育背景下，多数孩子是没有桂冠的。因为应试教育本质上是残酷的筛选，是"一将功成万骨枯"。少数人戴上有毒的桂冠，多数人顶着失败者的标签，过着平庸的人生。

一旦我们意味到了生命的丰富性、多样性，以及无限可能性，那么就会明白，有时候此处的匮乏，往往意味着彼处的丰盈。我们的使命，是保持课程的丰富性，并给孩子不断地提供舞台。课程不能浓缩为所谓的学科课程，变成为应试而学。舞台当然包括小桥音乐会、少年演说家，包括校园里日常化的各种活动，甚至包括教室里的讲台。此外，还包括户外丰富的活动。要让不同的孩子，在教师的帮助下，都有机会显示以及锤炼自己的能力，直到戴上桂冠。

<h1 style="text-align:center">（五）</h1>

那么，作为教师，我们是不是也至少需要一顶桂冠？

你可能曾经有过桂冠，例如考上了很好的大学，或者在万众瞩目中，拔得头筹。但是，很快地，你会发现在职场上，你曾经的桂冠黯淡了，你需要一顶新的桂冠，让你在职场上赢得一席之地，获得安全感，自尊，甚至别人的崇敬。

这当然需要漫长的修炼。

但或许，最终我们将抵达一种境界，无须任何桂冠来为自己的生命作证，让自己成为无冕的王者，可以深入任何陌生的领域，敢于进行任何必要的冒险。这实际上意味着，我们无须他人的认可，我们自己是自己的法官，我们拥有"虽千万人吾往矣"的勇气，这乃是一种真正的自我实现者的自由。

但是孩子还做不到。

他们需要一顶桂冠，就像需要一根拐杖。

直到有一天，哪怕整个世界反对他，他也敢于自由飞翔。

每天早晨，你几点到学校

接到过一位新教师的QQ留言，大意是说：刚进入一家公立学校，工作不足一年，但已经"十分崩溃"。班级管理一团混乱，学生根本不拿自己当回事；学科教学也很糟糕，上课连自己都觉得没有意思。一想到职业生涯就要这样度过，心如刀绞，"生不如死"（原话）。怎么办？

这场景十分熟悉，是不是？

你以为你在水深火热之中，却不过重复了别人的故事。作为专业研究教师发展的人，我可以全方位、多角度、立体式、结构化地指出一大堆问题，但是对于新手，能有多大的意义？因为这一大堆问题中，任何一个问题的解决，都需要信念、智慧和时间，更何况问题往往不是孤立的。

（一）

于是我问了一个很简单的问题：每天早晨，你是几点到学校的？准确地说，是几点到教室的？你到教室时，有多少学生已经到了？

他很奇怪，说：我们早晨八点上课，我每天都准时到啊。

我跟他讲我的一个经验，可以说是管理上的一个经验：经常迟到的老师是不值得信任的，越早到岗的老师，往往是越优秀的老师。你如果想要管理好班级，经营好课堂，我的第一个建议是，在第一个学生到达教室之前，你就到达教室。换句话说，每一个学生到达教室时，都能看到自己的班主任在教室里。在教室里做什么？最好的办法是看书。看不进去？那就假装看得入迷。相信我，装上一段时间以后，就真的看得进去了。

他说：这个不行啊，我家离学校挺远的。

我说：如果每天早到学校半小时，你会增加 1000 元的收入，你愿意早起吗？

当然愿意。

500 元呢？

也愿意。

100 元呢？

他想了想：愿意。

50 元？

……也愿意。

10 元？

他沉默了一下：不愿意。

然后他突然就笑了，说：我明白了，我很焦虑，但是，这件事本身在我心里，没有我以为的那样重要。

很多时候，当我们面临问题，我们只是企图找到一个捷径，一个可以迅速摆脱麻烦的答案，而这个问题本身并没有真正地成为与我们高相关的重大问题。因此，问题本身也就得不到慎重的对待。如果你每天走进教室，就像面临一场生死攸关的战役，那么，一天天地拼尽全力进攻，哪怕失败一百次，也可能在第一百零一次时迎来胜利的曙光。不然，你每天只是个被动的缩头乌龟，你的全部行为更像是一个呼喊："谁来救我？"

有太多平庸的教师，很快成了缩头乌龟，生活就成了苟且。奖励与惩罚占据了双手，抱怨与自欺维持着自我。

然而，我也认识一些优秀乃至于卓越的教师，英雄般地将教学变成了一段旅程，最终热爱上了它。在他们看来，自尊也好，意义也好，必须在教室里赢取。

这中间的区别，就是帕尔默所谓的"教学勇气"。

（二）

然而，赶在第一个学生到之前，有什么特别的意义？

对新教师来说，四处漏水，十面埋伏。或者说，教育生活是一团乱麻。那么，无论多乱的麻，都要先找到一个线头。

如果你每天早晨第一个到达教室，你就能够向每一个到达教室的学生传达一个强烈的信息，传递你对于这个班级的信念与意志。它不足以导致学生依赖你、敬佩你、追随你，但是，却创造了可能或契机。否则，学生将感觉到一个散漫的你、退缩的你，你教育学生的语言将变得空洞，像浮在空中的气泡。因为你与学生之间的交往，多数时候是潜意识层面的。如果你在教室里坚持每天读书，那释放的是什么样的信息呢？

如果你每天早晨第一个到达教室，你的教室就不会在清晨陷入喧闹。因为你有机会以友好的方式提醒最早到来的学生进入阅读或学习状态而不是无所事事（这时候你不必面对一个班的学生），而这种安静的氛围是可以不断传染或传递的。一个美好的早晨，将给你这一天的教育教学工作注入信心。

这还是一个隐喻：走在学生前面，走在问题前面。而这正是管理和教学的要义。在上课铃声响起之前，你应该早就在教室了，并且不需要在铃响之后手忙脚乱地操作PPT。下午你也会早到，晚自习你也会早到。甚至，你会出现在任何一节有纪律问题的课堂中，你用你的存在传达了一种坚定的意志。

注意，这与学校的规章制度无关。如果你只想遵守规章制度，那么，你实际上并非真正地想要解决问题，你只是想摆脱麻烦。然而，问题解决不了，麻烦你就摆脱不掉。

今天你的课上不好，也与此关系重大。当你忧心纪律，如惊弓之鸟般地站在课堂上，你就无法专注于知识，无法在知识面前享有自由。而一旦丧失了这种自由，知识或教学就丧失了生机，就无法在师生的生命之间自由地流动。

早到校，是一个意味深长的行为。你的坚持，将有可能使之成为一种仪式。而这种仪式的背后，是你用一种面对生活的内在紧张感来唤醒学生的紧张感，从而最大限度地避免生命的散漫懈怠。同时，这种精神上的紧张感，能够让你的身体和情绪舒展开来。反之，你可能身体紧张，情绪紧张，但是智力和情感却是散漫的，因而越紧张，越徒劳，越解决不了问题。

一年之后接到这位老师的留言，他已经赢得了胜利，班级发展欣欣向荣。早到的习惯，让他十分受益。除了刚才说的益处外，他比以前赢得了更多的个人读书时间，而且带动了班级的读书风气。

征得他的同意，分享给大家，希望给更多新入职的教师们以启发。

说说孩子跟人打招呼这件小事

（一）

我从小就很怕跟别人打招呼，也不知道怎样跟别人打招呼，甚至连称呼都不怎么搞得清楚。所以，狭路相逢，能躲就尽量躲，躲不开，就笑。——不过在父母看来，这是傻笑，为此不知道被批评过多少次。

后来不幸地教了书，无处躲藏，只能鼓起勇气面对交往。也学习了一些甚至很有用的小招数，例如"看着对方的眼睛说话"之类。后来做教师培训，乃至于竟然做校长，都不得不与人交往，打招呼。说实话，从未真正地适应过。

不适应的标志是，在那一刻，你感觉到你不是你，有一种"在场的不在场"，你的情绪是"不安"。一旦恢复了独处，就像鱼儿回到了水里，每一寸肌肤、每一缕灵魂都妥妥贴贴的。我几乎不在学校食堂吃饭，是因为拥挤，社交回避不了。我也极少在下课期间在教学区域走动，也是为了减少打招呼。我并不一味地回避交往，但我期待的是深度交往——极少的人数，深度的交流。在我生命中的不同时刻，都有过这样的时光，可惜总是很少。到如今，大家似乎都非常忙碌，见面就寒暄，能安静地坐下来，几个小时地认真地、无功利地倾听，或热烈地讨论学术，已经非常少见了。特别是自从做了校长，就基本上成了一个输出者。

（二）

曾经去过一些管理得很好的公立学校。有一次，同行者盛赞一所学校的孩子真有礼貌，见到陌生的客人都会认真地鞠躬问好。

然而，我的感觉恰恰相反，觉得很不舒服，并对这些孩子油然而生同情之心。那时候我就在想，如果我在这里读小学，每天不能自如地走路，无法完全地沉溺在自己的白日梦里，不时地提防身边走过的老师甚至陌生人，随时准备鞠躬，那么，这简直就是地狱。

所以，跟朋友讨论礼仪教育，讨论教养问题时，我坚决地反对许多学校这种僵硬的做法。我的意见可以分条陈述如下：

1. 一个孩子，从学校毕业后，是不是见了熟人就要鞠躬，见了陌生人也必须打招呼？如果不是，那么学校里为什么要培养这种反应模式？

2. 孩子与别人打招呼的方式可以是多种多样的，并且也跟对象有关。一个孩子，可能见了好朋友会击掌，见了某位老师会上去抱住对方，见了另一位老师却只是微微一笑……这些都是自然、生动的打招呼方式，并且是不自觉地生发出来的，怎么可以强行规定一个所谓的礼仪标准呢？而且这个礼仪标准又不通行于成人世界。我在丧礼上见过鞠躬，其他场合确实见得不多。

3. 如果一个孩子像我一样，不喜欢和别人打招呼，那么，要允许他回避，这并不见得就是没有教养，只是一种生命的风格。用丑小鸭的妈妈为丑小鸭辩护的话来说："可是，他虽然丑陋，却并不伤害谁呀！"一所好的学校，一个充满爱的班级，应该允许并悦纳这种情况的存在。

（三）

孩子见了别人不能无礼，教养确实需要教。但怎么教，是个问题。不同的教育方式背后，有着不同的教育哲学。

强迫小孩行礼，尤其以规定的并不自然的方式行礼，背后有一种意识形态，用福柯的话来说，这种意识形态的基因是专制，是成人向小孩示威要求服从，是社会向个体施加仪式化的压力要求服从。在这里，没有聆听，没有尊重，没有接纳，没有差异化，等级与权威，被戴上了礼仪或教养的面纱。

这种礼仪有时候是必要的，例如一些仪式性的场合，比如升旗仪式。这时候礼仪的要求不但一致，甚至于很严格。因为这种场合所期待甚至要求的，正是一致性，是休戚与共的命运感，是强烈的集体认同。但在更多的时候，尤其是在日常场景中，所谓的教养，乃是一种基于尊重的相互调适。

因此，日常场景中的礼仪教育，不能沦为形式，"外礼"必须以"内仁"为前提。见到熟人乃至于陌生人，要不要反应？如何反应？这些都需要教导。但这种教导不应该是僵硬的，而应该是自然而有选择的，并且，与孩子的生命感受要进行互动。举个简单的例子，在校园里见到陌生人，孩子可能遵从老师的教导热情地打招呼，但是人家可能根本不理睬孩子，你觉得孩子能不受伤吗？因此，对陌生人的礼貌，并不必表现为外在形式。热情地为陌生人提供指引，进出楼梯时请客人先行，凡此种种，都是不动声色的教养。

（四）

礼是相互的，孩子要掌握的是内在的原则，例如"己所不欲，勿施于人"，例如"与人为善"，等等。但更重要的是，孩子能够依据这些内在原则，在个体与社会化之间保持一种舒适的平衡。

在这种个体与社会的矛盾中，难免有些像我一样极端的人，需要予以尊重或谅解。毕竟，我们的一切反应，并非存心伤害别人，事实上也没有伤害到别人。如果教养成了利刃，随时俯视着我们，那么，每一条可能与他人遭遇的道路就都是地狱。

对我来说，我愿意将一切原则化为两条：

一曰消极原则：不伤人。二曰积极原则：向别人表达善意（例如打招呼）。

我觉得，无论是老师还是家长，要教育孩子不伤人，必要时，孩子还要为此受到限制或支付代价（想想现在那些熊孩子，就是缺乏管教的结果）。但是，可以引导，而不要强迫孩子一定要向别人打招呼。

让我们安全一点，慢慢地，以自己的方式释放善意。

或者，只是将善意放在心中。

忙来正是修炼时

——关于期末工作的五条建议

期末是教师的忙季，是黎明前的黑暗。

很容易惶惶不可终日，结果留下许多遗憾。例如：

没有完美地收割应该收获的果实，类似考试成绩、期末庆典、家长会……

纪律乱了，学生浮躁了，甚至可能出现安全事故。

这缘于"没经验"！

送五条经验给你，祝你早日摆脱烦恼！

一、保持专注，让心情平静下来

一想到快放假了，是不是就有点兴奋？一方面，恨不得眼前的事情赶紧结束；一方面，时不时憧憬一下假期生活。

这也是学生的想法。

因此，只有你安静下来，学生才会不浮躁。你无须提醒学生"不要浮躁"，你要用你始终如一的行为去表达。所谓训练，往往是逆着本能。当你本能地也浮躁时，就是训练安静的最佳时机。

保持专注，让心情平静下来，认真对待每一天，就仿佛刚开学一样。

放心——

无论你想或不想，假期

都在那里

不多，也不少

二、狠抓常规，让学生适度紧张起来

一到期末，"道理党"就多起来了。

"不抓紧复习，你怎么有脸过年？"

"就剩下这几天了，看你那吊儿郎当的样子……"

……

道理多了，学生就没脸没皮了。有脸有皮的则容易焦虑。在我看来，这些话能不说就不说，但教师要把这些话，变成实实在在的任务，变成实实在在的行动。

例如，你不妨比平时到校更早一些，对迟到早退现象盯得更严一些，对自习纪律要求再高一些，不动声色地提升标准。当其他班开始不同程度地出现浮躁时，这是你们班脱颖而出的最佳时机，或者说，是你塑造班级的最佳时机。此外，期末易出安全事故，也容易发生打架事件，狠抓常规有助于避免或减少此类事件。

"道理党"往往是三天打鱼两天晒网，他们不肯勤盯紧管，因此才试图以讲道理这种自以为特别经济的方式来管理班级，不取也。

我认为一位特别优秀的班主任，在学生离校前的最后一天，班级晨诵如常。——这是很厉害的地方。

三、列出清单，确定完成任务的时间表

人在面对不确定性的时候最容易焦虑，一旦把所有的任务都写在纸上，焦虑就会明显地减轻。因此，用清单的方式来列举任务，并明确任务的完成时间，是应对期末工作最好的方式。而且万一时间不够用，也可以从容地考虑如何做减法。

列出了清单，就开始做一样划一样。例如写评语，写一个少一个，每

件事做完，都会有轻微的成就感。

列清单，不要只考虑期末工作，还要考虑假期安排（指学生的假期作业之类）。

清单可以处于不断的修改中。例如，我的习惯是每天早晨花点时间面对清单，划掉、添加、修正，以让日常生活始终有方向感。

复习工作也应如此。知识点的过关，要清单化，至少有清单意识；单个学生的学习，也要清单化。要防止有些学生在期末反而不学了，无所事事。实际上，这当中有相当多属于期末"习得性无助"，即面对海量的学习任务，不知从何入手，反而索性不动了。

也可以鼓励学生使用清单。

对了，你有《清单革命》这本书吗？可以找出来没事看几页，或只看以前画出来的重点。

四、抓出焦点，确保重点事情不被湮没

什么是焦点？

可能写操行评语要花太多时间，但操行评语依赖两样东西——框架与灵感，因此反而要快，不能成为期末工作的核心。

你仔细想想，什么才是期末最重要的事？

或许是"复习"与"庆典"。复习是"颗粒归仓"，一定要"结硬寨，打呆仗"，不可抱侥幸心理。"庆典"则要做深做透了，会给家长和学生以很深的印象，方便来年的工作。

对所有的工作平均用力，是最糟糕的，很容易忙忙碌碌，却总觉得一无所成。

五、多激励，少批评，给学生打气也给自己打气

期末因为忙碌，教师容易精神紧张，从而将压力转嫁给学生，就像一个随时会被点燃的火药桶。

这时候要反复提醒自己：期末学生浮躁很正常，要宽容谅解；自己很容易生气也很正常，接纳一下自己；一定要坚持每天激励学生，寻找甚至创造激励的理由。

激励包括随时随地私下鼓励部分学生，尤其是有可能懈怠的学生。也包括鼓励整个班级，例如为整个班级树立目标，鼓励大家去挑战完成。这些目标，可以根据期末最容易出现的问题来拟定。

激励不只适合于学生进步的场合，也适合于学生出现问题的场合。

例如，如果在期末恰恰以自习安静为目标，但别的班比较闹，你们班自然就受到了影响。在这种情况下，你不要怕别的班吵到你们班。你可以在学生受到影响开始有一点浮躁的苗头时表扬全体："我们班就是和其他班不一样！"

一旦学生有了这种荣誉感，环境就会形成有益的约束。

这五条所谓的"经验"，实际上都是老生常谈。我们不缺少纸上的经验，缺少的，是改变现实的勇气和行动。

那么，为什么不从期末工作开始，为全年做一个漂亮的终结，为新年开一个好头呢？

第六辑

高手教师的自我训练

班主任需要知道的三类知识

有人提出过，知识分为三类，分别是陈述性知识、程序性知识、策略性知识。

陈述性知识，就是关于"是什么"的知识，是对事实、定义规则和原理的描述。程序性知识，是关于"怎么做"的知识，是一套可用于执行的具体操作程序。策略性知识实际上是一种特殊的"程序性知识"，是关于程序的程序，是指对整个学习或做事过程的监控，或者说，是一套如何学习、记忆、思维的规则与程序。

举个例子：你告诉学生"上课必须认真听讲"，这时候你运用的是陈述性知识，阐明一个事实。你在上课的过程中，不断地针对没有认真听讲的学生做出反馈，自身教育教学也在不断地调整，确保了一节课所有孩子都处于专注状态，这是一套确保孩子专注的方法，这时候你运用的是程序性知识。同时，你不断地在反思，我的这一套程序合理吗？我这种严厉的个性，会不会导致一种表面的专注？是不是在适度放松的情况下，孩子才更可能导向内在的专注？这就是你对做事方式即程序性知识的反思，这时候在你内部起作用的，就是策略性知识。

那么，今天许多班主任工作存在的问题是，过度依赖于陈述性知识，而忽略了程序性知识和策略性知识的学习。

我举个例子：学校为了防止放学期间楼梯口发生踩踏事故，就规定了必须从一个楼梯上，另一个楼梯下。然后，要求班主任当成一件重要工作去执行。班主任会怎么做？

开完班主任会议，甲乙丙三个班主任就开始行动了。

（一）

甲班主任走进教室，跟学生说："学校规定，从今天起，放学的时候，必须从 A 口上，B 口下，请大家注意执行，听清楚了没有？"学生说："听清楚了。"然后，再到家长群里发一条信息告知家长。有一些班主任，会附带解释，即为什么要这样做。

结果，甲班家长和学生大量地违规。

问学生："你为什么要逆行？"学生说："我忘了，一放学就不由自主地……"

问家长："你为什么要逆行？"家长说："我不知道啊。""不是群里发过了吗？""可是我没看到信息啊。"

甲班主任很崩溃，开班会把学生批评了一顿，让他们长点记性，长点心眼。然后诉苦说："我们班家长不够配合，我也没有办法，我该做的都做了呀。一放学，学生和家长怎么走，我怎么控制得了啊！我还得在教室里，不能盯在楼梯口啊！"

（二）

乙班主任走进教室，跟学生说："从今天起，放学的时候，必须 A 口上，B 口下，你们家长接你们也是这条线路，你们听清楚了吗？听清楚的同学请举手，没听清楚没关系，我可以再说一遍。"学生的手都举起来了。

乙班主任继续说："那么，有没有同学能够告诉老师，为什么不走最近的楼梯，却要规定路线呢？这不是很不自然吗？"

大家开始热烈但简短地讨论，在老师的协助下，很快达成了一致。

乙班主任最后说："现在大家已经知道游戏规则，并且也理解了规则。那么，在放学的时候，你们会记起这条规则吗？"

学生说："能！"

"那好，到时候我要抽查一下。"

乙班主任离开教室，在家长群里发了一条消息，包含两部分：规则以及解释。然后，请求所有家长收到后回复。

两小时后，乙班主任给没有回复的家长发了手机短信，并要求回复。

半小时后，乙班主任给没有短信回复的家长打了电话。

放学前二十分钟，乙班主任又给全体家长发了"温馨提示"。

放学铃声响起，乙班主任走进教室："只耽误一分钟时间，还记得老师说过的话吗？"

"记得。"

"集体告诉老师一遍。"

"放学的时候，必须A口上，B口下。"

"如果你们的父母，一定要拉着你们逆行，你们怎么做？"

"我们不违反规则。"

"真棒，老师为你们自豪。现在下课。"

如此连续三日后，转入维护阶段。一段时间后，乙班主任在班会中，表扬了全体孩子，在家长信中向全体家长致谢。

（三）

丙班主任，则在班主任会议现场提出了异议。

有几个问题，我想请学校领导思考一下：

1. 上学的时候，对楼梯行走方式未做规定（因为人流相对较散），那么，家长和学生自然会本着就近原则，但放学的时候，又规定了必须A口上B口下，上学和放学行走的路线不一致，会消耗家长和学生选择时的注意力，导致违规可能性的增加。有没有思考过这个问题并考虑重新设计方案？

2. 两个楼梯口，有没有可能遵循就近原则，自然地分配给不同的班级，使学生家长自由地上下，而不必让一个楼梯口承载过多的压力？

3. 学校制定的规则，让家长和孩子来执行，他们可能会有不好的感觉。能不能把这个问题抛给学生和家长，让大家参与设计和方案讨论，最终投票决定采用哪一个方案？大家充分讨论过的方案，既更容易理解与执行，也是一次学习的机会，更是一次民主实践，与我们学校的办学理念高度一致。

在达成共识后，丙班主任和乙班主任的做法大同小异。

"小异"在哪里呢？

在于丙班主任不断地调整程序，他总在问自己两个问题：

1. 我遗漏了哪些关键因素？（我少做了什么？）

2. 哪些程序或动作是不必要的，还可以继续精简以节约所有人的注意力和精力？（我多做了什么？）

在不断的调整中，丙班主任确保了程序的最优化。

（四）

显然，甲班主任掌握的，主要是陈述性知识。乙班主任同时掌握了陈述性知识和程序性知识，而丙班主任同时还具备策略性知识。

那么，甲班主任的问题出在哪里？

陈述性知识只是前提，核心是程序性知识。在缺乏程序性知识的前提下，甲班主任就很容易依赖于陈述性知识，觉得讲清楚了，家长和学生就会自动地转化和执行，但这绝不是事实。

那么，甲班主任最终会如何解决这个问题？

可能会依赖于奖励、惩罚或突击检查。这正是班主任们最常见的做法。

即，我们一方面习惯于讲道理（陈述性知识），一方面又在实际中主要靠奖惩发挥作用。在这里，奖惩事实上是一种实际在发挥作用的粗暴的"程序性知识"并产生依赖。而伴随着的，则是对家长和学生的抱怨。

而班主任工作的精进，离不开这三类知识：

陈述性知识，提供基本的原则和解释系统，需要简洁明白地说清楚要做什么，以及为什么要这样做。

程序性知识，提供一套高效的做事步骤，让我们能够将要求转化为实际的行动，并取得预期的效果。

策略性知识，则不断地对程序进行优化，使之越来越完善和极简，以提升效率。它同时涉及程序的调整，以及自我的调整（元认知）。

后两类知识为什么是难的？

因为陈述性知识是一种相对静态的知识，或者说是惰性知识，相对容易掌握，也比较容易获得心理安全。而程序性知识乃是实践性知识，是在具体情境中习得的，学习的成本和风险大大增加，要面临诸多的不确定性，最终形成的知识具有个人知识的若干特征，所以许多人会逃避这种练习。策略性知识更难，因为这涉及不断地自我更新乃至于自我否定，这非得有极强的自觉不可。

但是要成为高手，没有别的路径啊。后两类知识，更需要刻意练习。

怎么过好这个注定又过不好的暑假

（一）

当暑假结束的时候，你就会知道，这个暑假和你生命中无数个暑假一样，一事无成。你不会期待开学，因为那意味着一种低品质的舒服状态要被打破，而在你内心深处，这样的暑假并不舒服，因为它同时是空洞的，缺乏成就感的激励。天哪，我竟然连一本书都没读完，或者读完了，也感觉不到用处。

根本的原因不在于自律或坚持不够，而在于我们不知道坚持什么。你可能想过甚至真的列出了计划，但你并没有把那些目标真正地植根于你的内心。天哪，为什么我们总是一年年地陷入西西弗斯的命运？根本处在于热爱的丧失。作为一枚应试下的蛋，我们始终被外部世界控制着，而不是用自己内在的热情照耀整个世界。越小的孩子，成绩越不重要，重要的是内心有热爱。如果不能在孩子内心深处形成一种"深刻的状态"，那么，平庸几乎是不可避免的。区别只在于，是好学生的平庸，还是差学生的平庸。

因此，所谓的自律，就是当外部的胡萝卜和大棒消失后，出于自责和虚无，甚至恐惧，我们自己尝试用胡萝卜和大棒控制自己。当然，你不知道的是，这证明了你所受教育的成功，你已经成功地将胡萝卜和大棒内化为自己生命的一部分。你或者认同它，或者反抗它。

绝大多数的成人，包括教师，内心是没有热爱的。你不能把欲望当成热爱，你喜欢漂亮女孩子且有机会跟其中的一个结婚，那未必是真爱。但是有这种机会，你却不顾父母以及周围一切朋友的反对，娶了一个相貌平平的女子，那就是真爱。对了，她甚至可能已经离婚许久了，或者比你大很多。

然而没有必要绝望，你把每一天当成出生日就好了。你可以重新学习热爱，拒绝生理年龄强加给你的心理暗示。这时候可能需要付出更多的努力，就像在冬天里种菜，得先搭棚，创造一个温室条件，这就必得自律。而且我们也有优势，这优势就是生活经验和反思能力。

（二）

计划和时间表只是工具，不要迷信它们，而且多数时候也很难依赖它们坚持下来。首要的是，为自己确立一个目标，或制定一份任务清单。在这里，许多人会迷失，因为他不知道确立什么目标，许多所谓的目标根本不是真正的目标。例如，你可能决定暑假要读五本书，然而，除非你知道自己为什么要读这五本书，为什么是这五本书，否则，你只是在做大脑的机械运动，你从五本书中很可能收获极小。

真正的目标是什么？它乃是一个主题，一个问题，一个任务。五本书之所以无法构成有价值的目标，是因为书籍本身只是材料，是抵达某个或某些主题的手段，主题才是关键。不妨利用暑假学习一项新技能（例如PPT制作）或钻研一个主题（例如班级管理）。

我每年假期都很忙，因为有教师培训，以及各种各样的计划审定等。但这些对我来说是常规工作，而不是假期目标。如果不为自己确立假期目标，假期仍然是忙碌的，但是没有显著的进展。

一旦确立了目标，就要仔细想想，如果暑假结束，最终发现自己半途而废，那么，原因可能是什么？然后，提前解决它。毕竟啊，年年岁岁花相似。不可笼统地自我责备，说是因为意志力不够。首先，我们自我责备已经够多了，没多大意义。其次，我们是不是习惯了用自我责备来减轻压力？反正我已经责备过自己了，这事儿就算过去了。

假定目标合宜的话，影响目标实现的主要因素包括：（1）干扰因素太多，甚至导致经常忘记目标；（2）没有设置监督或自我监督机制。总之，人总是在跟环境和自我搏斗，对不对？

（三）

环境因素有多重要？假如舞蹈教室就在我隔壁，我跳健美操的时间将有可能增加3倍。但是我每次去跳健美操，都要穿越大半个学校：操场、马路、食堂。这样，就极大地增加了心理成本。无论是写作还是阅读，我对环境都十分挑剔。早上起床，我第一件事就是直奔办公室，我无法在宿舍里工作，因为家人的一举一动都会影响我。下面逐条讲环境问题。

1. 净化社交环境。假期或许会有许多人约你，还有七大姑八大姨要看望。这点我服我妈，她知道我有社交恐惧症，甚至在春节的时候，经常跟我说，那个谁谁家就不要去了，你今年去了，明年就还得去。于是，这么多年来，我基本上不走亲戚，我觉得无事走亲戚是陋习。可能让人不愉快，但是彼此习惯了就好，没人整天念叨着你，你对别人也没有那么重要。社交环境一定要少而精，这样有助于深度交流并从中获得启发。如果你耐不住寂寞，就不关我的事了。

2. 要户外，不要旅游。旅游是个很糟糕的概念，在规定时间去看规定的内容，交上钱，拍了照，买点土特产，表示本人到此一游，然后一身疲惫地回家，睡觉。对了，发完朋友圈再睡。旅游和户外的区别在于，旅游无法增加你的深度经验。所以，那种抱个娃赶热闹的事儿，少做点，对娃也没好处。

3. 解决孩子对自己的干扰。暑假跟孩子在一起，往往意味着电视连续剧开演了，精彩程度不亚于宫斗剧。课外班的最大意义，就在于能让家长清净一些，实际上也是不负责任的表现。女儿假期在家时，我们分别在不同的房间工作和学习。在我工作的时候，她就知道不能打扰我。因为无数次的打扰，换来的都是强烈的反应。这样做还有一个好处，就是她一旦无所事事，就会内疚：我爸我妈每天都在刻苦学习，我不能懈怠啊。身教胜于言教。当然，必须有跟孩子交流的时间（尤其是吃饭的时候，包括可以共同做饭），也要有辅导孩子作业的时间。

4. 夫妻在一起的半独立性是十分重要的。你要工作或学习，就必须有独立的空间，而且要看不到对方。什么，不习惯？所有的习惯都是培养出来的。

（四）

接下来说说时间管理。时间管理的关键不是时间计划表，而是在对的时间里做对的事。例如，早晨起床，你精力十分充沛时，这就是做重要工作的对的时间。晚上你和家人在一起，这就是看大片的对的时间。如果你大清早起来就刷剧，那我有什么话说。

对我来说，每天有两个关键时间，决定一天的品质。一是早晨起床的时间，二是午睡醒来的时间。我不用闹钟，不看时间，早晨基本上都是自然醒，六点左右。早的话能到四五点，晚的话不太可能超过六点半。有时候，五点半左右，我已经开车到学校坐在办公桌前开始工作了。许多文章，都是在七点前写成的。

做到这一点，依赖于两个因素。一是我不赖床，从醒来到发动汽车，经常在五分钟以内，基本不会超过十分钟。午睡也是如此，经常就是几分钟，很少超过二十分钟。我最常问爱人的一句话是："我打呼噜了没有？"她如果说响了几声，我就立即起床，代表午休过了，而她常常还没开始午休呢。辛苦吗？不辛苦，是一种自动化习惯，而且感觉很好。二是多数时候我不吃早餐。有一个阶段，我买牛奶和面包，但很快觉得烦就放弃了。这当然不是好习惯。但我并不建议做早餐，可以用牛奶面包之类简易的方式解决。因为做早餐和洗碗，消耗的不只是时间，更有注意力。我并不觉得给孩子熬粥有多大的意义，还得老半天逼他吃饭。应该培养孩子和你一样，早上起来后立刻就紧张起来，这对孩子的发展是很重要的。现在我们太关心孩子的身体，却常常忽略了精神。

当我感觉到累了，就会转换任务。经常刷微信就是一种休息过渡。有时候会看书，当然多是实用型的书籍，要读哲学心理学，就得在清晨。或者在电脑上开始处理一些事务。暑假期间，连续工作或学习两三个小时后，就可以停下来陪孩子，或者收拾房间，准备做饭等。你跟孩子互动得久了，孩子就知道你什么时候不能打扰。

时间是朋友，不是敌人，一旦你习惯了，你会从这种节奏中找到幸福。你的身体会告诉你许多信息。例如，我每个周末，必须有半天或一天休息，只要我坚持工作，效率一定极低，这是身体在发出警告。所以，约朋友喝一场酒，看个电影，好好睡一觉，第二天仍然精力满满。

（五）

表格是最简单高效的工具。举个简单的例子，你计划每天喝十杯水，你做个表格贴在墙上，一定要在最醒目的地方。然后，每次你倒一杯水，先去打个钩，然后再喝掉。这种方式，将你的行为可视化，从而变得可检讨。不然，你在工作时会很焦虑，但又不知道问题在哪儿，因为你看不到清晰的可量化的事实。

管好QQ和手机很重要，但不是用意志力去控制，尤其在微信的问题上，我已经放弃治疗了。关键仍然是不隔绝（对孩子使用手机则要隔绝），而是驾驭。电脑和手机都需要做大量的设置。例如，许多人已经设置QQ任务栏头像不闪动，许多群要设置为接收但不提示消息，这样一来你休息时可查看。我刷微信也很频繁，但回复信息要么秒回，要么在规定的时间回。许多留言，无论是QQ的，还是微信的，能秒回的就秒回，需要思考的，就直接设置置顶，直到信息被回复或问题被解决，再取消置顶。因为你在持续的工作或学习状态，刷微信未必影响你，但一旦与别人进入互动，就会影响你。因此，我很反感"在吗"这样的留言，也基本上不接陌生电话，有事你先发短信或微信，这样一来我知道你有什么事，我会有主动权。而接电话，你不知道会遭遇什么。

子曰，独学而无友，则孤陋而寡闻。实际上，独学而无友的关键，是缺乏环境压力而难以坚持。今天网络上有许多学习都借助同伴压力，你也可以尝试。例如有些老师加入了我发起的"海拔五千"（只针对本校老师，不对外开放），每天不得不晒清单，这就是一种同伴压力，而且你也可以看到别人是怎么做的。如何让同伴影响自己以及孩子，这值得研究。而在家庭之内，如果父母和孩子都处在学习状态，长久地就会相互影响。至少，我不愿意自己的女儿看到自己是一个无法坚持到底的人。

说了这么多，暑假可能也注定过不好。我觉得，这不是方法的问题，而是涉及我们对生命意义的理解。你永远到不了你不想到达的地方。我觉得能够利用暑假，提升生命的可能性，是一件幸福的事，你可能并不觉得。萝卜青菜，各有所爱，祝你幸福。

一次演讲训练

我是个有舞台恐惧症的人，并不擅长演讲。在多数情况下遮掩得很好，尤其是在讲学术话题的时候，侃侃而谈，有时候还能有高峰体验。但若主题过大，或准备不足，就会露馅。最尴尬的一次是校内演讲，准备了2小时的内容，讲了40分钟后竟然无话可说，这是罕见的意外。

我可以考虑回避演讲场合，也可以考虑突破它。

我的角色使我不得不经常上台，还有一个逐渐增强的原因，是学校里要开设演讲课程，如果我缺乏刻意的演讲训练，就没有资格进行演讲方面的指导。

南明内部的教师大会要来了，对我来讲，反而是一次练习的机会。

对，是练习，我准备把这次演讲当成一次练习。

一、准 备 阶 段

因为工作繁忙，我不可能花费太多的时间用于练习。我也想刻意压缩练习时间，提升练习效率（这是我做许多工作的思路）。于是，在大家已经一稿、二稿地练习的时候，我根本不去考虑年会的事。

年会倒计时没剩几天时，我开始进入演讲的准备。

第一天，全天无所事事，阅读，思考，任由各种想法在内心弥漫。到下午某一刻，想法开始清晰地浮现。这一天很放松，刷微信都比平时要多得多。

第二天早晨，持续2～3小时，完成了PPT的框架或者说主体部分，主要是理清整体的思路。实际上对框架的梳理是十分重要的，而且我给自己规定了一个思考框架，主要运用金字塔原理，努力地把一件事讲清楚。

　　这一天剩下的时间，我又回顾了自己看过的演讲类书籍的一些要点，然后自己动手编制了一份关于演讲的清单，我命名为"写给自己的演讲清单"：

　　1. 演讲总是试图分享一个故事，或分享一个观点。

　　2. 必须明确两件事：你是否确信地知道自己在分享什么？你是否确信你的分享对听众会具有价值？如果不明确，尝试表述使之明确。

　　3. 如果是分享一个故事，那么，黄金法则是：展现，而不要讲述。

　　4. 展现的关键有三个：拥有决定性的时刻（面临选择）；丰富感人的细节；与观众建立情感联系。

　　5. 故事本身常常不是目的，故事需要解释和命名，使听众理解其意义。

　　6. 如果分享的是一个观点，那么，黄金法则是：赋予观点以力量。

　　7. 赋能的关键有三个：观点必须是清晰和纯粹的；观点的论证、说明或展开，必须拥有清晰的因果链；将观点与听众的情感或需求联结起来。

　　8. 在分享观点的过程中，要牢记"事不过三"的原则，尽量运用金字塔结构。

　　9. 要防止犯三个错误：故事或观点与你或听众无关，似乎只是在陈述一个客观的东西；吹嘘或让人感觉到你在吹嘘自己，而不提及别人的帮助以及坦率地陈述自己的另一面；说太多与演讲主题无关的东西以掩饰不安或自我辩护，以及防卫性的谦虚。

　　10. 以上都是不重要的，重要的是，你真的拥有好的故事与思想。因此，不要花太多时间用于营销，而要花尽可能多的时间用于生产。

　　我主要是分享一个观点。因此，我首先要让别人明白我分享的观点是什么。所以，我用了一个词、一句话，以及几个场景，对核心进行具体可感的解释。整个框架是这样的：

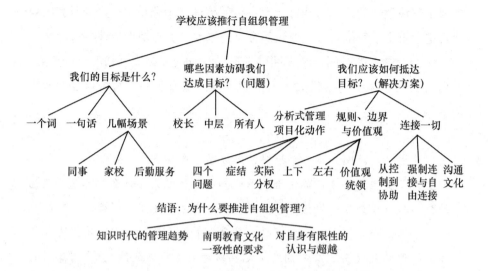

我的PPT和讲述，基本上遵循了这个结构。因为我刻意训练了金字塔结构，大家会发现"事不过三"的原则，在这里运用得特别明显，而且我觉得很自然，并没有牵强的感觉，也不会勉强自己一定要用三个，例如"四个问题"就不是三个。"事不过三"的原则，是一种重要的提醒和归纳方式。

第三天早晨，也就是演讲的前一天，我开始写演讲稿，花了三个小时。

演讲稿写作过程中，最大的困难，是赋予观点以力量，或者更准确地说，让观点生动起来。并不是简单地举例子，而是"场景化"。在写的时候，我大致就能够想象到讲出来的效果。并且我的书写本身就是口语化写作。

写完后，打印出来自己阅读。

第四天早晨，修改了自己特别不满意的一部分，也就是第二部分，保留了框架，但几乎删除了全部例子和论证。突出了一个概念：主体性。强调了两个观点：主体不沉默，主体在创造。事实上，这是后面演讲中印象可能最深刻的部分。

二、演讲及反思

因为稿子是提前一天才写好的，加上年会客人多，难免会客，前一天下午我还花了点时间研究写作，因此并没有反复熟悉稿子。但结构了然于胸，如果抛开稿子讲，效果会更好。但是，这次因为是练习，我决定带稿子上台，严格按稿子来演讲。

结果上台后，发现灯光直接投射在演讲台上，四周过于黑暗，看不清楚听众，而台上光线过强，反而不容易看清楚字。

有一个细节。我知道自己演讲时，对语速和声音高低的把握十分糟糕，所以，我在每页页脚处加上了一句话："把声音控制住！"结果灯光导致根本看不清楚页脚，主要是因为上台后完全就忘记了。我考虑以后制作一个铭牌，把自己常犯的错误写在上面，放在演讲台上，这样就不受灯光影响了。

演讲大体顺利，但肯定没达到自如。

对于演讲来讲，最重要的仍然不是形式，而是你分享的东西是不是有价值，是不是真正的思考。这个主题我酝酿太久，哪怕运用了金字塔结构，做了演讲清单，但是其中没有一句话不是发自内心，包括对自己缺陷的反思，更是发自内心。如果分享的东西没有价值，就像没有营养的食品，只靠风味，这对我来说，就事关演讲道德。

但是，究竟别人如何看待我的演讲？我并不知道，很难判断。

晚上在学校为年会而设置的一个演讲群里征求同伴们的意见，大家七嘴八舌，意见集中在以下两个方面：

1. 系统内的老师听得很明白，因为有相同的处境和期待，有外校老师说没听懂。

2. 紧张了，一开始声音在发抖，而且越讲越快。

第一个问题，我自己分析，是因为演讲内容太多。30分钟的演讲，虽然讲稿是清晰的，但是看演讲结构图会发现层级很多，这样一来分配到每一个层级的阐释时间不够，很自然地，若没有背景就会很难跟上我的思路。——我尝试在年会上完整地表述自己的想法，但还要进一步思考一个问题：你能给听众带来什么？以后要牢牢记住，不在于讲多少，重点是站在听众的角度思考问题，他们能够获得多少才是重要的。此外，以后在演讲中，要时刻注意"背景化"，即要讲述问题背景。

第二个问题，缘于我不擅长控制语速和音量。我有好多次都控制得非常好，尤其是在教研的时候。以后要增加刻意控制的时间。

于是，年会演讲之后，我决定，在下学期本校的教师发展论坛中，我每次都发表一个演讲，哪怕5～10分钟。当然，不可能为了演讲而演讲，让全校老师陪听，而是真正去分享有价值的经验，同时达到训练演讲的目的。

三、关于PPT

我不擅长做PPT，原因很简单，因为我根本没有美术方面的天赋，后天又没有经过训练。

这两年，我觉得有必要研习一下PPT技术。不过，时至今日，都没有真正地下决心和抽出足够的时间来揣摩，可能因为始终没有将其列为优先任务吧。但是，因为经常要做PPT，我就用一种速成的方式，即揣摩PPT的页面框架，以及字体的一般运用原则，再加上模仿，在极短的时间内，PPT就完成了。

准备年会期间没时间琢磨这个，就按以往速成的框架做出来了，然后向好友西门小醉（王云）求助，希望这个PPT高手能帮我做最后的修改。结果呢？竟然获得了高度的赞扬！

真是心花怒放啊！

我给了他几个小时时间，到时间后，他留言：

抱歉，我高估了你的PPT，需要延长一点时间……

对此，我一点儿都不意外。因为我知道自己只是通过几条基本原理确立了框架，细节上是不能看的。

无论如何，这也是有趣的经历，值得记下来。

（注：完成此文花费90分钟，包括重新制作演讲的结构框架，完成时间是早晨6点30分，这也是一种训练吧。并非炫耀自己的勤奋，我享受练习的快感。）

魅力教师修炼清单

所谓的魅力，乃是指稳定的吸引力，是风格化的产物。实际上是指一个人鲜明而独特的人格、成熟而敏锐的经验融合在一起形成的一种影响力。

魅力教师是什么样子？魅力教师没有一个"标准画像"，因为魅力往往来源于一个人的独一无二性。尽管如此，我们仍然可以从师生关系的角度将魅力教师分为两种类型：艺术家型和导师型。

艺术家型的核心是"表现"。艺术家型的教师往往依赖于某种天赋，并通过展示和利用天赋唤醒学生对知识的热情，"慕其师而信其道"。例如上海特级教师黄玉峰，不仅具有鲜明的个性，而且他对于专业的理解，也因其艺术家式的热情而具有鲜明的特色，即在他那里，学科逻辑服从于生命激情。

导师型的核心是"发现"。相对于艺术家型的"我自花开，蜂蝶自来"，导师型的教师往往依赖于洞察力，他们独特的魅力来源于高尚却不空洞的人格，以及对人性的深刻理解。他们能够理解并接纳不同生命的特质，洞察到他们的内在需要，并能引导、帮助他们理解自我，寻找到独特的自我发展路径。例如南明教育集团总校长干国祥老师，他拥有极强的理解学生的能力，但又特别强调引导而不加干预的教育原则。因此，南明教育旗下学校的校训为"相信种子，相信岁月"，既寓有道法自然之意，更强调教师的导师作用。

借用镜与灯的比喻，艺术家型的魅力教师是灯，他们光芒四射，会吸引学生围绕在他们的周围，并产生强烈的渴慕，从而产生学习动机；导师型的魅力教师是镜子，他们唤醒了学生的内在自我，使学生径由他们而更自觉和深刻地认识了自我，生命因此而觉醒。当然，一切比喻都是蹩脚的，分为艺术家型或导师型，只是表明倾向性，即更强调教师主体还是学生主体，多数魅力教师往往是混合型的。

借用康德的观念，又可以将魅力教师的风格分为四种：崇高、优美、反讽和平实。崇高风格的教师，生命中往往有一种冲突的力量，因而是戏剧化的，例如上述提到的黄玉峰老师。优美风格的教师，往往是唯美的、诗化的，例如杭州教师闫学和苏州教师张学青。反讽风格的教师，往往是幽默的，例如北京十一学校教师魏勇。平实风格的教师，往往是朴素的、润物无声的，例如上海的钱梦龙老师。当然，更多的魅力教师，往往融合了多种风格，但常常以某种风格为主导。

魅力属于少数人，少数教师魅力的形成，或依赖于天赋，或依赖于后天训练。大多数人则是缺乏风格而不自知的，因此在职业生涯中，往往只是知识的搬运工，很难给学生留下深刻的印象。好消息是，除天赋外，魅力是可以修炼的。

教师的魅力修炼包含两个相互联系的方面：一是认识并重塑自我，二是理解并重塑专业。

认识并重塑自我，其实就是一种自觉的人格训练。认识自我，是对自己生命独特性的理解与反思。每个人的人格，都是遗传或天赋、童年经历以及关键遭遇相结合而形成的，是先天倾向性与后天环境相互作用的产物。在这个过程中，人的被动性往往远大于主动性。也就是说，我们无形中被环境所塑造而不自知，并很容易将被塑造的自我看成是天经地义的且倾向于拒绝改变。但是，我们需要并有可能越来越发展出一种元认知的能力，即对我们自身经验（包含思维方式、情绪类型、价值观、交往模型等）的洞察力。重塑自我，是指在认识自我的前提下，在与环境的进一步互动中，对自我中妨碍生命发展的部分进行有意识的调整。

例如，我们可能发现自己是容易冲动或情绪化的类型，那么，重塑自我就意味着不断地训练自己遇到冲突时的第一反应。我们可以为自己建立一套新的反应模式，遇到冲突让自我按如下步骤执行：退回安全区域；倾听并寻找冲突真相；理解和解释冲突；做出理性反应。这可能需要上百次练习，依赖于冲突时的冷静，以及冲突后的反思总结。

但这是从人格角度来思考的魅力训练的基础部分或消极部分。如果说消极部分是理解"我是谁"，那么积极部分则是理解"我应该是谁"。这里的关键是倾听自己内在的声音，寻找自己的热爱，然后跟随它，训练它，直到成为自己的鲜明特征，这就是魅力的重要来源。例如有人曾经批评清华附小的窦桂梅老师，说她上课太过于光芒四射，结果成了老师的表演，应该控制自己的表演欲，给学生以更多机会。窦老师曾经尝试改变，结果觉得很痛苦。因为只有将讲台变成舞台，她才感觉到做回了自己，整个生命才是生动的，活跃的。一个教师不追随自己的生命特质，就无法形成风格和拥有魅力。这并不是说就不要管学生，而是说，每个人与学生的交流方式都不相同，并不存在一个完美的模板。当然，这并不是说批评没有意义，而是说我们得首先理解自己是谁，然后才能在保持自身特点的情况下进行修正和平衡。

理解并重塑专业，是指要进行自觉的学术训练。就目前而言，教师这个职业的专业化水平还是十分低的，多数情况下教师都在凭未经省察的经验在教学而不自知，不过，这种情况持续不了多久。所以，教师应该通过学习努力理解本学科的教学逻辑。这包括了两个方面：一是知识及课程逻辑尤其是知识框架，这涉及本体性知识；二是教学逻辑，即理解儿童是怎样学习的。

然而魅力训练，并不是指掌握客观的课程与教学的所谓知识，而是指在教师的风格的统率下，让知识及教学活起来，拥有强大的生命力。这意味着：你不能讲述自己不相信并未加以践行的知识；你必须以自己的方式传授知识，这涉及知识的经验化或个人化的问题。一个自卑而实现超越的教师，更容易讲好《丑小鸭》，因为《丑小鸭》所传递的知识，是他用整个生命感受到的。他在讲述《丑小鸭》时，很容易让学生产生强烈的共鸣并深刻理解，因为在这种情况下，知识首先是穿越了他自己的生命，然后才与学生产生共鸣的。相反，一个从小优秀并没有自卑情结的白天鹅类型的教师，他完全能够清晰地理解《丑小鸭》所要传达的知识，但这是一种逻辑的理解，而不是一种生命的体验。

就是说，魅力教师的课堂之所以不枯燥，是因为他并非知识的搬运工，搬运一个与自己无关的东西（这是许多课堂让人昏昏欲睡的根本原因），而是努力地调动自我以及学生的深层生命体验，一旦沟通成功，知识便有可能牢固地建构在学生的生命中。在这种情况下，教师和学生都容易感受到知识的魅力，并有可能形成高峰体验。很显然，这样的教师是有魅力的。这是教师个人特质、学习内容本身的特征以及学生现状相互作用的结果，而教师个人特质往往起了决定性的作用。因为，你不可能以别人的方式去完成教学，你必然且必须打上自己的烙印，才能让教学产生魅力。

哪些因素会妨碍我们成为魅力教师？（1）习惯以外部评价来定义自身；（2）缺乏甚至惧怕热情；（3）缺乏足够的毅力走出舒服区；（4）缺乏元认知能力，以及持续学习的能力。

总结一下，魅力教师是校园中不安分的少数人。他们心怀热情，能够感受到环境与自我的冲突，并因惧怕平庸而选择了自由地成为自己。通过不断的自我训练，他们逐渐以自己的方式与知识、学生发生联系，并对学生产生了深刻而持久的影响力，帮助孩子逐渐找到了知识的意义和生命的意义。在这个过程中，他们也形成了自身鲜明的风格，并找到了自己作为一名教师的意义。

心里难过时怎么办

难过，或者程度更深的痛苦，是人类无法逃避的体验：

钱包丢了；

考试没考好，结果错失了重要的机会；

好朋友背叛了自己；

失恋；

事业上遇到挫折甚至失败；

……

（一）

每一次难过，都给我们一次理解"难过"的机会，也可以当成一次"难过"练习。

所谓难过，只是一种感觉。感觉是主观的东西，并不等于客观的事实。1加1等于2，你睡一觉起来，答案不会变成3，但是睡一觉起来，难过可能就没了，至少已经没有那么难过了。意识到这一点，是人生最重要的少数训练之一，即感觉并不等于事实，要拥有将两者区分开来的技能。这种区分的意义在于，你无法改变1加1的结果，但是，你可以改变自己的情绪，让自己不那么难过，甚至开心起来。

就是说，感觉和理智，经常要加以协调。感觉固然可以影响理智，甚至让人变得不理智，但理智也可以影响感觉，甚至控制感觉。只有当理智可以控制感觉的时候，我们才可以说自己是自由的。

这个道理你知道吗？

你当然知道。

但是，你仍然会难过，对不对？

那么，你要继续研究，产生难过这种感觉的心理机制究竟是什么。

心理学会告诉你一些基本的原理，尤其是进化心理学，会告诉你有一些机制是为了保护你而设置的。而社会心理学，会告诉你为什么别人能够影响到你，甚至控制你。这样的阅读与学习是有用的，能够帮你不断地理解自身。

但更重要的，是你要了解自己的独一无二性。

例如，你属于比较敏感的类型，情绪是你的资源或优势，但副作用当然也很明显，会让你常常因为一些小事而难以自拔。在这种时刻，借助心理学等工具长期进行有意识的自我分析（所谓"元认知"），就能够帮你更好地掌控自己的情绪，拥有自由的人生。

这种学习，是一个由自发到自觉的过程，它不会让你变成另一个不是你的人，但会让你成为一个更自觉（自由）的人，从而免除很多不必要的难过。

（二）

一旦你开始觉醒，你就会意识到，大多数的难过，是没有必要的。

举个例子，你丢了钱包，可能会生自己的气：我怎么这么不小心？这里面可有我一个月的生活费啊！谁这么缺德，偷我的钱包？

问题在于，无论你多难过，钱包都不会因为你的难过而自动回来。如果你很难过，那么，你的损失就在继续增加：你在持续地损失你的时间，以及好心情。而原本要做的第一件事就是止损。如何止损？如果有办法找回来，你去找；如果判断没办法找回来，或者希望太渺茫，就评估可能带来的结果，例如钱包里可能有身份证、银行卡之类，那么要赶紧处理以防止次生灾害；等处理了这些时间紧迫的事情之后，再反思一下，钱包为什么会丢，以后要注意些什么来防范。

在这里，最坏的选择就是难过。而且难过可能会导致一些不好的结果：降低对后续止损行为的反应速度，导致损失增加；抱怨别人或自己。自责和反思是两个概念，自责是责备自己，反思是增加经验教训。许多自责的人是没有改进的，他们以自我责备来取代自我进化，真是可悲。

我听到一个十分极端的故事，说有一个很优秀的女人，到国外旅行，结果不慎遭到强奸，她立刻保留证据，报警，处理完这件事以后，她继续旅行……别人觉得很奇怪，她说，这又不怪我，为什么我就该立刻回国然后哭哭啼啼？这种冷静与强悍让我震惊并肃然起敬。

有一年暑假前我出过一次交通事故，与一辆摩托车相撞，对方全责：我车停在那里，他撞了上来，撞碎了我的车玻璃，好在对方人没什么事。当时我是去参加教研，我请朋友出来帮我处理后续的事，自己照常去教研，而且教研完全不受影响。教研结束后，才回去做笔录。最后，我全赔，包括医疗费（实际上只是检查费）、摩托车损失费。对我来讲，我首先关心的是人有没有事，跟谁是责任人没关系。人没事，我就不会当回事，也不会因这件事影响我的情绪。而且最后我全赔，我也没有不公平感。原因很简单，如果要重新划分责任，需要支付很高的时间成本，不值得。而在朋友的帮助下，这件事能够很快结束，加之没有人真正受伤，我感激还来不及呢，怎么会因为那点钱或者所谓的公正而难过？

我听到过的另一个极端的例子，是讲一个家里贫穷的女大学生，学费被骗，最终难过而死（自杀）。

说实话，听到这样的悲剧，我还真是难过。生命啊，竟然如此的不值钱？究竟损失达到多少，才足以引发我们的难过，甚至于轻生？这种心理承受的范围，在某种意义上也代表了我们的格局。对我来讲，所谓"家财"，全部都是身外之物。有这种看透，虽然要求太高，但是值得思考。

（三）

钱财上的损失，有时候还算容易承受，但是自尊心受损，往往很长时间都会难过。

例如：

在公开场合出丑；

犯了错误被当众揭穿；

做了一件愚蠢的事惹人笑话；

隐私被别人宣扬；

觉得自己做不好事情十分无能；

……

人是社会性动物，都十分在乎别人的评价。有时候，假装不在乎，实际上心里是很在乎的。根本的原因，是人往往会"借助他人定义自我"。在原始部落里，在一个熟人社会中，这是极端重要的。但是到了现代社会，人与人之间的关系，表面上似乎交流更频繁了，实际上内心更疏离了，这是一个个人从群体中逐渐挣脱出来的时代。然而，我们的心理结构的进化，却没有那么快。

在这里，有一个大家都知道，但在处境中容易忘记的常识：每个人都是自我中心主义者，你对别人没有你想象中的那么重要。

举个例子，你在一场演讲中说了一句不应该说的话，你很懊恼，会想，我怎么这么愚蠢呢？这么多人都在看我出丑。实际情况是，别人会很快忘记你说过什么，哪怕你自以为重要的演讲，对别人也根本没有那么重要。它对你的意义，往往要高于对别人的意义。你以为别人一直惦记着，随时准备笑话你，实际上根本没这么回事，你高估了自己在别人心目中的影响力或重要性。

一旦意识到这一点，你何不轻松一些呢？哪怕隐秘被人贴得到处都是，也不是世界末日，而且，在时间中它们都会被遗忘。

概括一下，就是——与人为善，不要让别人的看法左右你，不要经常与别人进行比较。

（四）

我上面所说的意思是：不要随随便便难过，要提升你的难过级别。一点点小事就动辄难过，这人生哪里受得了啊？而且，太多无谓的难过，会消耗你的意志和情感，让你无法专注于真正重要的事物。

但是，有三类难过，是躲不开的。

一是他人的不幸所引发的难过；

二是在乎的人带来的难过；

三是成长或发展过程中有所追求而不得的难过。

他人可能是你认识的人，也可能是根本不认识的人。不幸可能是个人的，例如疾病或车祸，也可能是群体的，例如地震或火灾。有的人小时候看到乞丐，都会难过，走过去了，还不忘记回过头来放几块钱，这是人身上最珍贵的品质之一。在自己力所能及的情况下，有限度地帮助别人，应该成为一种习惯。但是，善良是有边界和分寸的，不要让慈善对自己的生活（例如生活品质）产生重要影响（除非极端情形），也要警惕各种利用人类善良品质的陷阱，类似的悲剧已经很多了。这种情况的难过能理解，也能够很快就过去。

一个人能够让你难过，他就在深刻地影响你。所以，我通常不会为不相干的人而难过。能够激发我们情绪的，包括让我们难过的，往往是也应该是我们在乎的人。不过，这种情况下，难过固然难以避免，也要及时地加以解决。因为重要的不是难过，而是理解发生了什么，并采用理智的行为，让一切好转。例如，有了误解，就要及时澄清。

经常让我难过的，是自己的平庸。

这跟我的生命气质有关，我难以忍受没有意义感的生活。当然，一边难过，也一边自我开导。重要的是保持警觉，力求精进，而不要心生妄想，期待自己有多么的了不起。在这一点上，真正的陷阱在于将注意力的焦点放在了成功而非成就上。什么意思呢？我们应该有追求，但不应该为结果而患得患失。"发愤忘食，乐而忘忧，不知老之将至"，这才是最好的境界。说得再直接一下，把焦点从"我"转移到"事物"上，是摆脱难过的最好方法。

（五）

说了这么多，有用吗？

有用也没用。有用，是指你会逐渐理解这些道理，这本来就是成熟过程中会不断习得的。没用，是指决定是否难过的，并不是道理，懂得这些道理，仍然会难过。不只是你，我自己也不会例外。

通常的情况是这样的：

发生了一件事，我第一反应是难过；

然后，我会聚焦于难过本身，分析一下是什么让我难过；

最后，我就不那么难过了，甚至彻底释然了。

这个循环，这些年在我的身上屡屡发生，让我一步步地变得豁达。

在这个过程中，我还会用到一些工具：

1.评估让我难过的事可能带来的后果，往往评估之后觉得损失是可以接受的，或者根本就没什么损失。

2.如果损失很严重（往往不是财产损失），那么，想想那种结果又如何，最后觉得其实没什么大不了的。

3.最坏的情况下，我会思考自己的目标甚至人生的意义，就会意识到，所有这些让我难过的事，恰恰也是用来成就我的，人生"大不了一死"，可是还真没有什么事情能够与"死亡"相提并论，那么，有什么放不下的呢？

（六）

再教你两个终极工具：

1.转移。

从情绪中摆脱出来的一个极有效的方法，就是转移注意力。因为许多事你是想不清楚的，不如节约出来这些时间，用于学习或锻炼身体。一旦你很忙碌，注意力被另外的事物所占据，难过就减弱甚至消失了。过段时间，你甚至会觉得好笑：什么，那事儿居然让我难过了几天？

2. 原谅自己。

我有一些缺点，包括一些说话方式，让我很容易得罪人。应该说，我用了很大的努力去改进，效果也很显著。我研究过沟通技巧，也有很大的进步。但是，这些并没有真正地改变一些根深蒂固的方式，仍然会得罪人，只不过比过去得罪得少了而已。我可以通过继续修炼彻底地改变，但是，所有的改变都需要投入时间和精力，还有大量的练习，我毕竟不是酒店的前台接待人员，而是一个学术研究者，不能本末倒置。在这种情况下，我就选择了一边有意识地控制和改进，一边接纳自己，原谅自己。

我会跟自己说：

我没有恶意，并不是要有意伤害你；

但是你感觉受到了伤害；

我经常不知道你受到了伤害，或者不知道发生了误解，因此无法每次都及时澄清；

有时候可以澄清，但是成本太高，我就选择了沉默；

我坦然承受因此导致的后果；

并且，原谅我自己。

当然，在我周围有一批朋友能够理解我，这是我感到特别幸福和幸运的地方。那些接纳你的缺点，能够悬置你带给他们的不舒服而理解你的本性的人，才是你真正的朋友。并且，这一份信任，也一定会获得加倍的回报。而我，也没有必要讨好那些时时刻刻在乎你怎么跟他们说话的人。

（七）

当然，有一种难过是无法克服的。

我不知道你是否有这种难过，毕竟大多数人都没有，不过我是有的。

那就是意识到生命必将逝去所带来的哀伤。

许多个夜晚或清晨，我都清晰地意识到，生命必将逝去，死亡是无法回避的归宿。这会让我看轻尘世间的许多成败得失，觉得那些无关紧要。但是，死亡这件事本身让我无法释怀。

请注意，我并不是怕死的人。如果我说"恐惧死亡"，那绝对不是常人意义上的恐惧。我讨厌养生之道，我现在还比较重视锻炼，只是我在乎生命的状态，而不是想要延年益寿。永生，不是比死亡更令人恐惧吗？

在哀伤中，我总觉得自己做错了什么，或错过了什么。许多时候，我又觉得当下碌碌无为，生活得毫无价值。我宁可发生一点什么事，让自己可以拼死一战，笑傲江湖，反而惧怕白开水一样的生活。

当然，这个问题是无解的，我无力提供答案。

无论如何，生命是一个过程。

有的难过只是一个碎屑，毫无意义，却干扰到了你，要训练自己远离这些难过。

有的难过不必回避，并且可以增进我们心灵的敏锐和品格，那么，有边界地接纳它。

有的难过无法回避，那么，带着它上路，或许人生因此才真正地拥有自由与意义。

中学老师要学点问题解决技术

青春期的孩子敏感、易怒，容易相信一切，也容易怀疑一切，有时候像刺猬，有时候像信徒，冷不丁还会做出一件让你肺都要气炸的事情来，管理上确实有难度。然而，教育的挑战和乐趣都在这里，毕竟学生不是没有生命力的机器，而是一个个活生生的独具个性的人。

所以，我一直认为，中学老师一定要学一点问题解决技术，修炼一下问题解决能力。事实上这并没有多难，一般的问题解决修炼，基本上可以解决大部分问题，至于小概率的严重障碍学生，那是专业治疗的事，本身就不是普通学校教育的任务。

那么，如何修炼？怎么运用问题解决技术理解和解决一般问题？这当然不是一篇文章能讲明白的，需要持久地修炼。关于问题解决的一般流程，网上已经很多了，不赘述，我只是从中择取一些要害，粗略地说几句，供大家参考。

一、搜集事实和界定问题

经过训练的问题解决者与普通人有什么区别？

普通老师，遇到一个问题，例如学生打架了、早恋了、逃课了，总会本能地诞生一种情绪（怎么这么不懂事？这娃太坏了，又给我惹麻烦了），然后给出一个解释，再采取一定的行动，通常是劝告、批评、惩罚、交易、放任，等等。实在解决不了了，还可以叫家长，将问题转嫁给家庭。

在这个过程中，我们关心的是有哪些招数可以对付或解决这些问题。

确实，大量的教师在这个过程中发展出了一些流行于学校中的技巧。这些技巧，有些管用，有些不管用，有些只对有些人管用，有些只在特定的场景中管用，有些当下管用但长久有害，等等。未加反思的经验，总是受制于情境，有点让新手摸不着头脑。

　　最后，我们总会强调，每个孩子不同，每个教师也不同，解决问题的方案千差万别，并不存在一个放之四海而皆准的所谓方法。而且，不同的老师最终也会形成各自不同的风格，无法统一传授。

　　可惜，这个观念是错误的。问题解决到了最深处，是没有风格的。你可以说任何围棋手都有风格，可是阿尔法狗有风格吗？它只有计算，没有风格。风格不是科学，不是问题解决的必然归宿，而是由于人的有限性决定的。因为你必然是有限的，而且不同的人有限的方向还不一样，这样，就自然地形成了风格。从这个意义上讲，可以说风格是有限的人在科学面前的一种个性化回应，但这并不足以否定科学方法的同一性。科学追求的是一种真正的秩序，掩藏在千变万化的问题背后的深层一致性，而会忽略表面上的千变万化。

　　所以问题解决者，在面对问题时，首先要做的两件事，是搜集事实和界定问题。

　　这是相互关联的两个方面，没有对问题的假设，你就不知道如何搜集事实，没有充分地占据事实，你就无法最终明确问题。这两者都有各自的方法，篇幅原因从略。通俗地讲，当问题发生时，你要做的第一件事，是悬置或处理你的情绪。

　　什么意思呢？

　　不要让情绪驱使你去决策，或者不要在情绪强烈的状态下决策。要么悬置它，要么处理它。悬置不是不理，你不理也不行，而是能够运用认知适度地抑制或转移。处理可以是宣泄，也可以是转变。毕竟，你可以把问题当成麻烦，也可以当成契机。反正对有些人来说，问题反而让他们兴奋："机会终于来了！"这境界当然是相当的高。

　　然后，你要问自己两个问题：

　　1. 发生了什么？

2.这是一个什么性质的问题？

"发生了什么"，不要太相信你的眼睛和耳朵，因为它们都是有限的，更何况你还会带偏见进来。对真相的追寻，往往取决于有没有十分有耐心地让涉及的各方充分地表达意见。

"这是一个什么性质的问题"，这很重要。

问题有非常丰富的模型，专业程度就表现在你头脑中存储的模型的数量。但是这些模型可以划到一些类别中去，不同的模型，会有不同的反应程序，这就是专业反应。

例如：这是个教育问题还是个管理问题？

同样是谈恋爱，你在校园里公开搂抱，这就是个管理问题；如果没有公开地影响他人的亲昵举动，那就只是个教育问题。而管理问题和教育问题，各有自己的解决原则和方法。

再如：这是一般冲突还是恶性事件？

两个孩子打架了，这可能是一般冲突，也可能是校园欺凌。而一般冲突与校园欺凌处理的方式有天壤之别。打个比方，这是"人民内部矛盾"与"敌我矛盾"之间的差别。我后面讲问题解决的处理方法，主要针对更为常见的"人民内部矛盾"，而不针对那些蓄意的恶劣事件。对于恶劣事件，解决方案更简单，往往是零容忍地采取措施，斩草除根。

二、解决问题的关键三步

篇幅是有限的，读者的耐心也是有限的，多数人并不会真正地去修炼什么问题解决技术，大家会更倾向于短平快的方法，急于摆脱眼前困境。基于这个原因，我讲一讲解决问题中的关键三步。显然，练习它要有更多的背景知识和情境中的揣摩，但这就是各人自己的事了。

我们假设青春期的孩子发生冲突了，老师怎么处理？批评？写检讨书？当众悔过？这些效果都有限或者是火上浇油，我推荐分三步走。

1.澄清。

澄清有无穷的方法，我推荐其中一种，即展开教师参与的三方对话。

在对话中，教师的角色是"主持人"。

教师要分别与双方单独沟通，不做任何评判，而是发出一个对话的邀请并说明程序。双方同意后（这意味着情绪稳定下来了），对话就可以开始进行了。

这个程序的大意是：

（1）双方轮流发言，每次发言时间不超过三分钟。如果超过三分钟，就需要对方或教师允许。可以在桌上放置番茄钟之类计时，仪式感很重要。

（2）在发言中，严禁评判和攻击对方，只允许陈述事实和表达感受。如果任何一方犯规，老师有权中止其发言并提出警告，警告超过三次，中止对话。同样，对方也有权提出抗议，但不是直接向对方提出抗议，而是向老师申诉，老师裁定申诉是否有效。

（3）出现情绪激动、相互攻击以及其他有损对话的行为时，老师有权提出中止对话。事实不清需要再做调研时，也可以中止对话补充证据。

（4）最后，由老师根据自己的记录，逐条确认双方共同认可的事实，并明确双方的分歧。

2. 厘责。

一旦确认了事实及分歧（指对事实的不同描述），就可以进入到第二个阶段，即划分责任。

实际上，一旦双方陈述了事实和表达了感受，责任就已经变得很清晰了。因为第一步的意义，就在于让当事人跳出自己的视角来看问题。那么，第二步就变得容易了。

可以遵循如下步骤：

（1）请当事人各自提出解决方案（比较大的和复杂的问题，要择日讨论方案，给当事人思考的时间和空间，避免激情状态下提出方案），然后彼此沟通。这个过程中，要允许澄清，禁止辩解或攻击。

（2）如果当事人已经达成一致的解决方案，那么教师只是审定此方案的合法性。如果一方牺牲过多，教师有义务提醒并促成调整；如果方案本身不合法，教师也要予以说明。

（3）如果当事人无法达成一致，则教师出面裁决，作为结论。

那么，教师裁决的关键是什么？

在事实已经清晰的情况下（模糊的事实不予采纳），教师裁决的关键，是讲清楚裁决的依据，以及教师的理解。这似乎有一点像法官判案，但唯一的不同是，在学校里，实质正义高于程序正义，换句话说，教师要对裁决的实际影响进行思考，并纳入裁决过程中，这有时候会带来某种可以理解的不公正。

如果这个裁决学生不可接受，可以有两条建议：一是鼓励学生向家长寻求帮助；二是鼓励学生向校长进行投诉。当然，这是小概率事件了。

3. 引导。

学校毕竟不是法庭，是教书育人的地方，不是判案的地方，教师更不是警察或法官。一定要比喻的话，更像牧师。

所以，在裁定结束后，要注意后续工作，尤其是对弱势一方的心理支持和对强势一方的道德引导。

举个例子，一个男生和女生发生了冲突，可能是女生不讲理。在处理问题的过程中，你不能说男生就应该让着女生。但是在处理结束后，与男生沟通时，就应该强调这一点。毕竟，在我们这个社会中，男生应该对女生有更多的包容，这就是文明。这样说明，学生实际上很容易接受。

如果冲突已经成了一个公共事件，还要在班级里进行公开说明。并且，怎么说明，如何说明，由谁说明，都要与冲突各方沟通好，以示尊重。如果冲突各方不希望透露过程与结果，那么老师则可以公开说：这件事已经解决，但是，如果同学们看到类似的冲突，应该怎么办？……这就既说明了事情已被解决，又顺便教育了围观者。

三、看似简单，为什么实际上有难度

上面的过程，说得轻巧，实际上在实践中，鲜有人真正地去实践。这就像健身，绝大多数人的动作都不会做到位，只是自欺欺人而已。

那么，是什么原因造成的呢？

科学的方法与训练，往往是违逆人的自然本性的，这是一个重要原因。用一个热词来说，是要教师走出舒适区，用一种平时并不会自然涌现的方法来强迫自己解决问题，直到训练成为习惯。

另一个重要原因，是科学的方法往往需要背景支持。例如，青春期的孩子很在乎公正，那么，你在带班的时候，究竟有没有树立大家共同认可的且经得推敲的游戏规则？实际上多数时候是没有的，而且老师往往是游戏规则的破坏者，例如上课或上自习玩手机而根本不会给学生做相应的说明。一句话，我们习惯了指挥学生，却忘记了读师范时的那八个字：

学高为师，身正为范。

我们无法成为学生的榜样，又要教学生做人，这事儿是有难度的。我遇到过一些印象深刻的老师，他们每天很早到校，很晚离开，向学生展示自身的努力，并对学生提出严格要求。学生尊敬他们，爱戴他们。因此，我喜欢德鲁克的管理理论。他相信，一切管理，本质上都是自我管理。我借用到学校管理中来，也可以说：

一切教育，归根到底都是自我教育。

日常生活中的自我训练

日常生活中的自我训练，这是在某次教研中偶尔提到的，我自嘲说，我的生活是高度格式化的。

（一）

每天中午我自己做饭吃（有时候早晨也做，每天一到两顿饭）。

走到学校的住所，直奔厨房，先接水，同时接通电磁炉的电源，烧上水。然后打开手机连接上音箱，听书。音箱声音比较大，无论我走到哪个角落，都听得到。例如，接下来上厕所的时候，洗手的时候，摘菜切菜的时候，倒酒的时候。

等一切弄得差不多了，水就开了，然后下面条，炒菜（只有一个电磁炉）。中间糅和了多种统筹安排。

然后就是悠然地吃与喝，边听书边想事情，通常会借听到的内容思考当前的事情，有时候寻找一些灵感。有好的想法，会语音输入到手机中。

吃完饭后洗碗也有顺序，先利用面汤水洗第一道。

如果是吃米饭，那么，早晨离开房间前，就会把米放到锅里直接蒸上，回来后已经在保温状态，直接炒菜就好了。

对了，我的面条通常可以吃一两个月。成形的生面条，我分成一小把一小把的，然后冻起来，每次吃的时候拿出一把扔进锅里就可以了。不但面条，饼子、馒头、包子、熟肉，我都一冻了之。

后来，索性买了塑封机和厨房秤，准备连蔬菜也分好塑封起来放到冰箱里，觉得有点变态，就到现在还没执行。

（二）

要不要吃早餐的问题，我研究了很久，包括查阅了相关资料。

最终，我多数时候不吃早餐。但有时候肚子有点饿，这就必须吃了，我的方法就是熬小米粥或玉米糁。我熬茶、温黄酒和熬粥用的是同样的器皿，就摆在客厅我工作的方桌上。只要兑好比例，根本不用管。

本来清晨一杯咖啡，就可以做事了。但是吃了早餐，注意力就开始不集中了……

晕，吃多了。

我就开始研究，吃多少算是恰到好处，既能满足身体的感觉（不是需要），又不影响精力。

有一段时间，我是固定地喝一包牛奶，吃两到三个法式小面包，易于控制。

（三）

饭是在 A 校吃的，实际上我平时晚上住在 B 校。

从睁开眼，到发动汽车（想一想这中间的步骤），只要我愿意，可以在五分钟之内完成。车到了门口，一摁喇叭，等门卫开电动门的过程中，我迅速地打开电脑包，取出音箱，与手机连接，开始听书或音乐。

等音箱响了，门开的幅度一般正好可以让车通过。摇下车窗，跟门卫打声招呼，上班去也。

（四）

到办公室，第一件事是随手打开饮水机，然后取出电脑，开机，再倒咖啡，这时坐下来，电脑差不多就准备好了。

我不知道在这极细微的地方使用心思，算不算强迫症。

有一个极端的例子：跳完健美操后回去洗澡，通常速度很快，但一想事，穿裤子的顺序反了，没穿短裤，直接把秋裤给穿上了，觉得不对劲，就愣住了。然后，我没有整个地脱下秋裤，而是只脱下一条裤腿，穿上短裤，再把那条裤腿穿上。或许，这比整个脱下秋裤更麻烦，但是，减少了一个动作。

可是，花的时间未必更短啊，再说这有意义吗？

这无关时间长短，也无关有无意义，而是一种习惯。

（五）

和大多数人一样，我也经常浏览微信，甚至秒回。

但是，大凡需要认真思考一下的微信，我均很难做到秒回，到了晚上睡觉回顾的时候再回复。

例如，我每天都写"海拔五千"，但有时候会到第二天才补发，而且未必是早晨补发，有时候到第二天中午才补发。这意味着，在这之前，我根本没有时间发。

是真没有时间吗？

不是，这缘于一种认知资源匮乏。

凡是要调集认知资源思考的，都必须有独立的处理单元，哪怕只是几分钟。而通常的秒回，是一种情境下的即刻反应。但是写"海拔五千"是要总结每天的工作，需要回顾，有时便无法抽出几分钟：一是抽出几分钟的话，原来的思考或工作就会被中断；二是喝了酒，或身体疲惫，无法集中起注意力，成本非常高。

（六）

再回到日常生活。

我习惯于买成堆的裤子和短裤，却总是不够。因为脏一件往洗衣机里扔一件，扔满了，便集中地洗一大堆，再一件一件地穿……

如果哪件衣服比较合身和舒适，就多买几件。别人觉得我总在穿一件不变的衣服，实际上，我只是复制了几份，以方便清洗而已。

（七）

有人会说，至于吗？

我想说，这样做我才感觉到舒服，不这样做，我就感觉到不舒服。我喜欢工作有工作的样子，休息有休息的样子，不要工作不像工作，休息不像休息。

在工作场景中，我对于包括迟到在内的各种拖拉很敏感。而我只有两种反应：不处理和快速处理。不处理，通常是看到问题了，但忽略，因为觉得不值得为这个问题耗费精力。例如，我在做学校管理者的时候，基本上不抓卫生问题。而一旦聚焦，又习惯于全力以赴。

在所有这些日常行为的背后，既有一种问题解决意识，也有一种内在的紧张和敏感，对我来讲，这确实是信心之源，幸福之源，觉得自己在把握自己的生活。更何况，休息的时候，我是全然放松的。

（八）

实际上这种习惯的养成，从学生时代就开始了。

举个例子，我和姐姐学习都很好，我们走路的速度，都比一般人快一些。吃完饭，快走到学校，在别人到来时，作业已经完成了大半了。

那些走路散漫的学生，我是不相信他们学业优异的。因为高品质的学习，需要有一种内在的紧张感，这种紧张感会弥漫到你的全部生活中，让你的日常生活也加快速度。

当然养成习惯后，难免带来副作用，例如谈恋爱的时候。

本来是情侣散步，不知不觉间步子就加快了，走了一阵子发觉不对劲：咦，人呢？

蓦然回首，那人停在身后远处，气鼓鼓……

（九）

我遇到许多人，对工作不甚认真。

我很不认同，我觉得对工作认真，主要不是为别人，而是为自己的修炼。成为一个高效的人，一个能在短时间里高效工作的人，就像一辆马力十足，随时可以高速发动起来的汽车一样，这是一种品质。散漫的人是不太可能感觉良好的，说良好，也大半是自欺欺人，是将自己的散漫合理化。

同样一批人，可能对休息也不甚认真。

你说咱到户外去吧，聚餐吧，他说不行啊我有事，要看孩子，要照顾老人，要陪伴妻子，每一条都无可辩驳，然而总觉得有什么地方不对劲。

怎么说呢？

就是既不懂得投入，又不懂得抽离。

我不喜欢这种黏糊糊的人生。

（十）

我对家长们的建议是，如果想让孩子有所成就，就要帮助孩子将生活简化，格式化。

原因很简单，生命唯有深刻聚焦，才能在有意义的事物上达到应有的深度。

幸福和成就最深的奥秘，都与纯粹和深邃相连。

在所有事物上投入同等精力，这不是生命的丰富，这是肤浅与浪费。而真正纯粹和深邃的人，必然是丰富的。

你想想看，孩子每天起床，都要想今天穿什么衣服，穿什么衣服同学会怎么看，大量类似的事，必然消耗认知资源。因此，需要一种有力的生活指导，让孩子遵从自己的热爱与梦想，练习将精力聚焦在高价值的区域。

凡起意，必做成。

哪怕是轮滑、健美操，或其他业余爱好，做必极致，否则放弃。

在这个过程中，孩子将习得一种更好的生活方式，并且，也必然更幸福。

问题解决领域，影响我最深的 12 本书

这 12 本书，在我锤炼问题解决能力的过程中发挥了十分重要的作用。其中的大部分书，我仍然经常阅读，因此推荐给大家。

问题解决是一个十分复杂的过程，需要重构观念和行为结构，因此不可能单纯地依赖阅读达成，而是一个痛苦的转变过程。在这个过程中，思的深入与行的敏捷是分不开的，打通这二者的，实际上是决心和勇气。

并且，没有足够长的时间（例如三年、五年或十年），行为很难显著改变并且稳定下来。而随着行动的改变，我们对这些书的理解也会逐渐加深。当然，在这个过程中，我们还会并且也应该读更多的相关的书，确保对同一个主题的深刻理解。

完全可以把这些书当成枕边书，每天数页，经年不断。

这是一份完全私人的书单，仅供参考。

1.《麦肯锡方法》。

麦肯锡方法，最好用的问题解决工具之一。我特别喜欢其中的两点：一是金字塔结构；二是"完全穷尽，互不重叠"。另外，这本书也会告诉你，搜集事实，一切以事实为依据是十分重要的。而如何搜集事实，也有一套方法。

2.《清单革命》。

似乎很简单的一本书，要理解却并不容易。因为清单并不是简单地列一个单子，它本质上是一种思维方式。一堆清单是没有用的，除非你能知道关键在哪里，并且把握住它。清单在航空、医疗等领域被广泛运用是有原因的，因为这些领域都性命攸关。在教育领域以及个人领域运用清单，

并长期揣摩调整，会带来很丰厚的回报。

3.《卓有成效的管理者》。

在这个时代，人人都应该成为管理者和领导者。而德鲁克乃是大师中的大师，这本书特别出色的地方在于，它没有繁复的技巧，而是朴素地但又直抵本质地指出有效管理的关键。特别重要的是，他指出一切管理本质上都是自我管理，这一点启发会非常大。

4.《老师怎样和学生说话》。

与学生正确地交流，为学生提供正确的反馈，一直都是一件十分难的事，这本书对这件事进行了拆解，并指出了正确的方法。通常读了这本书也"没用"，因为真正重要的，乃是交流背后的观念和立场。不过，一旦决意改变，那么，这本书就是极好的指导材料。

5.《动机与人格》。

动机是人类精神生活中的大问题，就像发动机之于汽车。马斯洛的需要层次论，是理解人性的最有用的心理学工具。而他关于自我实现者的描述，更应该当成理想人格时常温习，用之于学生，也作为教师自我反思的工具。

6.《适于脑的教学》。

脑科学的突出进展，为学习理论提供了新的资源。这本书十分通俗地介绍了大脑对于学生的影响，出色地解释了许多教育现象。通过这本书的研读，我们能够修炼到许多技巧，知道如何做，大脑的运转更高效。

7.《课程与教学的基本原理》。

泰勒的这本书，提供了一个极其简洁但十分有用的框架，他通过四个问题来说明了课程设计的原理，实际上也为我们平时设计课程以及教学提供了有益的启发，可以说带有某种奠基性。至今，我在备课评课时，也有意无意地运用此框架作为基础框架。

8.《人是如何学习的》。

这本书是人类在学习理论上的阶段性成果，汇聚了与学习有关的多领域成果，尤其是开始触及深度学习的主题。我喜欢这种为学习整体而构建的宏观视角，可以作为教师研究学习问题的框架性或根本书籍。

9.《学习之道》。

或许有同名的其他书，我指的是维茨金的这本，讲述自己如何在两个毫不相干的领域都获得世界级的成就。作者未必学过认知心理学，但他对学习过程的清晰描述，生动地展现了深度学习过程。"一朵具体的花，远胜过一千种真理。"

10.《复杂性理论与教育问题》。

全局性地整体性地理解教育，梳理出教育中面临的若干大问题，并提供理解思路，本书视野之开阔，涉及领域之广，论述之深邃，是难得的，值得仔细阅读或作为共读书籍。

11.《有效的学习型学校》。

如何创建一所有效的学习型学校，包括如何创建一个有效的学习型班级？这本书系统地阐释了使命、愿景、价值观对于一所学校的重要性，并就学习型学校的构建，提供了建设性的思路。这运用于一个班级也同样合适。有价值的，是这本书所代表的一种新的重构学校的思路。

12.《大问题》。

为什么在问题解决领域要推荐这本书？因为最终我们需要一个根本的工具，它就是哲学。而这本书用人问题来串起整个哲学史，给了我们很好的角度，也做了十分精彩的梳理。借着这些问题，我们可以为日常生活中的问题解决提供非常好的参照，并训练自己的思维。

跟你讲个笑话：我学会了健美操

2017年，做出了一些或大或小的决定，其中一项是：我要学习健美操！

"老爸——"女儿惊呆了，似乎看到我忽然变形为"非正常人类"。

"你要是跳起健美操，我再也不想见你了！"老婆的眼前，仿佛已经浮现出那生动的场景，"你就不能一本正经地好好做校长？！"

"呵呵，好啊……"艺体组素来坏人少，一个个笑靥如花。

交代一下背景。

新学期伊始，我们启动了教师社团：户外社团、夜跑社团、轮滑社团、篮球社团、健美操社团……这当然只是第一步。最终的目的，是汇聚一些领域的热爱者，本着自愿、好玩的原则，做一些与教育教学无关，却能让身体和精神得以丰富的事情。

我参加了户外社团、夜跑社团（后因膝盖原因退出）、健美操社团。

参加前两个社团都波澜不惊，唯独健美操社团……

好吧，再说明一下我当时的情况：

男，45岁，身高173厘米，净重84斤，哦，说错了，是公斤。

（一）

我们的健美操教练我不想多介绍，因为一介绍就忍不住要夸她，就偏离了本文的主题，甚至更换了主人公。反正大家知道她是"中国好教练"就行了。

对了，她叫张盼。

第一次上课，大家往舞蹈教室一站，我就想哭……都是女老师吗？好容易发现一个男老师，有点"他乡遇故知"的感觉。赶紧问："哎，我对你似乎还不熟……请问你是哪个专业的？"

"校长好，我是舞蹈专业的。"

哭晕……你以为我最后一丝希望被掐灭了？不可能的！因为我发现了和我差不多同龄的畅校长，她的体重保密（因为我也不知道），但是给了我希望，很可能训练到最后，我不是最后一名。

第一节课没有悬念。

其实连续几节课都没有悬念。

多上几节形体方面的课，我相信，我的教育观，就会从一个后天论者变成天赋论者。因为无论你怎么练习，在别人休息的时候你也在练习，你仍然是最后一名，仍然跟不上音乐，踩不出简单的动作。

咱手脚不行，但咱大脑灵活呀。

于是，除了加强练习，我也开始观察思考健美操的动作结构，总结一些规律。例如，我发现健美操的起步动作，往往是先迈右脚，而我是左撇子，这样就造成了一些学习困难。更重要的是，健美操千变万化的动作背后，是一些基本动作的组合。这跟我在认知领域获得的经验高度吻合。即一切学习的最小单位，都是有意义的结构。千变万化的知识，只是无穷的组合而已，而基本的单位是有限的。新手练习健美操的最大的困难之一，就是这些最小的结构没有实现自动化或默会。例如交叉步之类，是几个动作的组合，在好多套路里反复出现。而且，手与脚的搭配，也有规律。

张盼很会教。

每次学习新动作之前，都会安排足够的热身。而热身的方式，就是反复地做几组动作组合，这些动作组合貌似简单，却恰恰为接下来的套路学习铺垫了基础。

（二）

然而，知道这些似乎有用，又似乎并没有什么用，就像王语嫣，满腹武学精要，照样对付不了敌人呀。因为当音乐响起，一切都太快了！你的思想还在琢磨上一个动作，下一个动作就扑面而来，根本来不及反应。

教练很照顾我，毕竟，校长嘛。

这种照顾是心照不宣的。看我动作还不熟，就会延长相关的练习。觉得我差不多会了，就接着往下走。然而，哪怕动作勉强跟得上，内心也是绝望的。

没有镜子，我也知道自己的动作很难看，很难看，很难看！

看看那些优等生，哼，身轻如燕的优等生！内心深处有很深的挫败感。

于是，在跟不上节奏的时候，我就停下来，看着别人跳。实际上，这时候还容易走神，很多次索性往横杠上一靠，思绪开始云游……哎哟喂，前面这位舞蹈男，似乎跟那个音乐女关系不寻常哎……瞧这神走的。

其实我想得更多的，是另外的事情。我在想，20岁的我，如果站在这样的教室里，会如何看待这一刻的"我"？其实，毫无悬念地，20岁的我会非常生气：

"喂，后面那个胖乎乎的男生，干嘛呢你？你看看人家王萌同学，成绩又好又努力，再看看你，全班就数你最差了！可你还不努力，还好意思走神？"

我想，如果我只是一个10岁左右的孩子，我其实无法向老师表达我内心的感受。我只会自然地做出反应，或者羞愧（"我不行！"），或者愤怒（"我就这样，咋了？"）。如果时间真的是非线性的可以自由穿越，那么，45岁的我，会以第三者、观察者或教师培训专家的身份，对20岁的我说：

"小魏老师，这个胖乎乎的男生，他其实很努力或很想努力，他也不是有意想要挑衅你，他只是学得慢，而且内心很受伤。他此刻的放弃并不是因为懒怠，只是因为不能或丧失了信心，他需要你关切的目光，需要你给予单独辅导。如果你确实感觉到了他的不努力或对你的挑衅，那么请你相信，那只是结果，并非原因。所以，接纳他，帮助他，比指责他，要求他，把他与优等生做比较，对他更有益处。"

实际上，许多老师读书的时候都是优等生，这在一定层面上妨碍了他们对学困生的理解。学习健美操让我重新沦为学困生，对学困生的心理有了进一步的体验。当然，我无法真正地体验，毕竟健美操只是我的一个挑战项目，并不是与我的存在息息相关的领域。如果在息息相关的领域是一个学困生，那种感觉就不会只是一种情绪的波动，很可能是哈姆雷特式的：

"生存，还是毁灭？这是一个问题！"

（三）

先别笑话我，告诉你，我能做校长，是有原因的。

——找教练，拷视频。

——跟不上训练步伐，咱就提前学！

关上门，反锁，拉上窗帘，开始练习上了。熟悉一节内容，有时候需要两个小时。但是只能练习慢动作，从来不敢跟音乐，这叫"提前补"。这个过程中很受挫，因为一遍一遍看视频，看慢动作，似乎看明白了，一伸手脚，就全然不是那么回事。用专业名词来说，就是要将"陈述性知识"转变为"程序性知识"。一看似乎明白，但如果不能复演出来，那么所谓的明白就是假相。而其中的原因，就是没有真正地理解或默会动作结构。

好处是，这种学习，我可以掌握进度。这给我从容的时间来研究动作结构。

再去舞蹈教室，一路上，"春风得意马蹄疾"，表面上不动声色，心里想的是，让你们瞧瞧，看我今天跳得咋样！

跳得咋样？

别问了，让我去厕所哭会儿再讲。

人家三下五除二就熟练了啊，我还有些动作不熟悉啊，音乐压根就跟不上啊！我自己一个人练习的时候压根就不敢跟音乐啊，那是让人崩溃的节奏啊！

不过，进步是显然的。毕竟，我没再出现完全跟不上的情况。无非是动作有错误，流畅度不够，更不美观。而且，只要畅校长来参加，我很多时候（好吧，我承认用了夸张的修辞手法）是倒数第二名，这是质的飞跃啊。

所以，每次都会留意，看看畅校长有没有来。她来了，我就放心了。

总体来讲，因为提前学习，这是一段相对顺利的时期。多数动作都能正常掌握，有几个动作老是掌握不了，一遍一遍地练习。别人休息的时候，我就请优等生教我，教练也经常指派人或自己亲自来教我。

然而，有些动作，太难了！例如，两条腿弹起，一只脚点地，另一只脚提起，或者一只脚点地，另一只脚踢出……

但无论如何，我还是学得很努力。做校长很忙，是吧？是忙，那段时间因为每天往返于两所学校之间，教研和共读又密集，确实不容易。不过这都不是事，重要的是，想做的事就必须做成，要做成就要不惜成本，尤其是时间成本。

（四）

学了几节后，不知道从什么时候起，我就不再提前练习了。

每次下定决心，信誓旦旦，却都无疾而终。有好几次，播放了视频，屁股坐在椅子上就是起不来。

开始各种找借口，各种忙。然后，有些动作确实就跟不上了，各种囫囵吞枣。教练有些无奈，每次结束后都提醒：

"大家下去后，有空就对照着视频练习一下啊。"

这场景很熟悉啊。我们经常寄希望于学习落后的学生，在课外挤出更多的时间来学习以补上来。但实际情况是，多数情况下，学习落后的学生，会花更少时间在学习上，而花更多的时间在游戏、电视、网络以及无所事事上。而学习越好的学生，越愿意花更多的时间学习。这不科学，但深度吻合人性，你体验一下就明白了。

讲道理可以激发内疚，甚至导致短期学习，但解决不了根本问题。

一个人越不擅长某个领域，就越倾向于逃避这个领域的学习。我觉得，我开始逃避学习健美操。

我意识到，我早期的动机正在消失。在开始学习健美操的时候，我是信心满满的，因为我相信学习的力量。而且，我放出狠话，要在学成之际，在全体学生面前来一次健美操表演！但是，现在我的信心正在动摇。

虽然我没有放弃目标，因为说出去的话，泼出去的水，打碎了牙得自己咽下去呀，不能成为笑话。

而一开始我之所以能坚持提前练习，很大程度上是我低估了学习的难度，我认为只要刻苦练习几次，就能够突破瓶颈期，逐渐进入自由之境。

然而，并没有。

（五）

时间依旧流逝。

一个消息传来，艺体组正在筹备校园艺术周，艺术周从 5 月 22 日开始，第一个节目，是教师健美操社团的表演！

怎么办？

怎么办？

怎么办？

这下子有点坐不住了……当然，表面上仍然是镇定的，不动声色的。好吧，做管理的，都特能装。

现在不是教练催我，而是我催教练了。

这种感觉，就像以为期末尚远，老师突然宣布马上要考试。焦虑、慌乱，开始四处乱抓。但是，我发现自己仍然无法做到单独练习。而且，原因也不仅仅是动力不足，主要是我根本无法适应镜面学习。再加上，视频里的人根本不会中途停下来给你提供反馈啊。

我需要辅导，需要示范和反馈。

于是，健美操课之外，我开始各种约：

"早晨第一、二节课，教练有空不？"

"中午午睡时间，能不能有人教一下啊？"

"今晚下晚自习后，有没有同学约起啊？"

于是约到了各种老师，人特别好的生活老师马佩，还有几位优等生，更有教练。有一次就俩学困生相约舞蹈室练习，这时候以为动作已经会了，只是个熟练度的问题。结果，为了先迈左脚还是右脚，先出左手还是右手的问题，还是反复地研读视频，在群里呼救。

就在表演的前几天，开始对教练有了一点点腹诽。

唯一的原因是，训练次数太少。大家基本上动作都没问题了，只是一个熟练度的问题，当然更包括动作到位不到位的问题，就是所谓的"抠细节"。以我的理解或判断，这时候需要开启一个疯狂练习期，一遍一遍地跟着音乐练习，这也是学习成效最为显著的时期。

教练也有烦恼，因为毕竟是一线教师，大家都忙，训练时把人集中在一起并不容易。但这并不是一个问题啊，可以分散练习最终再进行整合啊。

（六）

2017 年 5 月 22 日，星期一，校园艺术周第一天，表演日。

表演将在大课间升旗仪式期间举行。第一节课，又约了一批老师在操场上跳，反复地跳，将一些可能出现错误的地方再进行纠正，不断地提升熟悉度。——其实，勉勉强强，还不能够称之为熟练。

练了一节课，满头大汗。

刚回到房间没一会儿，又听到外面音乐响起。原来第一节有课的几位老师，第二节来到操场练习，于是又默默地跟着练习了几遍。

终于，表演的时间到了。

排着队，走到操场正中间，单膝下跪，在队形上，我是三角形的顶点。

我知道那一刻，应该带着微笑，但实际上，我的表情是凝重的。这并不是因为紧张，而是因为我习惯性的沉思。

我不紧张，因为对我来说，当健美操表演即将开始的这一瞬，我的健美操学习第一阶段已经结束了，接下来的表演无关紧要，至少不像想象中那样重要。肯定无法完美，或许会有明显漏洞，但有什么关系？我是为这一刻而来，又不是为这一刻而来。

写这篇文章的时候，我们新一轮的学习又开始了。

教练经常在健美操群里发视频，很难为她，要拍一段关于我的视频实在是太难了。某晚健美操训练结束后，我难得地点开视频，里面有我训练时的身影。

你们猜，我跳得怎么样？

我很想故事有一个完美的结尾，那是一个丑小鸭变成白天鹅的故事，那会多么的励志啊。但是奇迹并没有发生，视频中的我，仍然跳得非常难看。

那一刻有些伤感。

教练下学期要请假，我不知道健美操社团命运会如何，会不会解散。毕竟，虽然是校长，但我希望社团是因热爱而建立，而不是因为行政命令而建立。

不过，如果社团还在，我仍然会继续练习，和小伙伴们一起。

不要问为什么。

（七）

好吧，为什么？

我从小就逃避体育锻炼，因不擅长而逃避，我唯一骄傲的就是考试成绩。所以，进中师后，我是班上体育成绩最差的学生。可以想象，我应该算是肢体严重不协调者吧。

我的自我镜像，一直是一个学习者。

我渴望去尝试一些自己以前逃避的东西，去探索自身的一些可能性。同时，这也是一个领会的机会。如果只在自己擅长的领域，那么，会错失许多风景。而类似健美操这样的挑战，会让我换个角度去理解孩子，也包括理解自身。

我不觉得这些时间浪费了，或者像一些朋友所说的是无意义的。

换个角度讲，生命本来就是无意义的，是我们的愿望，赋予它以意义。我感谢我曾经遭遇的一切，赋予我一些勇气与力量，让我在四十岁以后，能获得一种内心的自由，去尝试一些陌生的东西，去对生活做出一些哪怕在别人看来微不足道的改变。

富贵非吾愿，愿以余生，做一些有意义的事，做一些无意义的事。

最重要的是，成为一个有趣的人。

海拔五千

——一名体制外教育人的阅读之旅

（一）

七零后的童年是贫瘠的，并没有触手可及的童书可看，偶尔在学校里读本书，也常常会被老师当成课外书加以没收或销毁。然而我的幸运在于，父母并不排斥阅读，甚至给我订阅了一本杂志，叫《东方少年》。在杂志的连载中，我第一次认识了皮皮鲁和鲁西西，知道了郑渊洁这个名字。皮皮鲁和鲁西西，以及每天中午十二点的评书，几乎是阅读对我的第一次刻写。

然而，多年以后，当我成为教师专业发展以及儿童阅读的研究者时，我将"皮皮鲁与鲁西西"系列定义为"不好的书"。

为什么呢？

在该系列中，皮皮鲁被设定为一个调皮的成绩不好的男生，那么，他如何应对环境？我举一个细节。有一次，皮皮鲁打开一个过期的罐头，里面跳出来一个罐头小人。这个小人无所不能，它可以悄悄地藏在皮皮鲁的耳朵旁。结果发生了什么？皮皮鲁一跃成为班里的优等生！因为在考试的时候，小人在他的耳朵旁告诉他答案，而老师无论怎么监考，都发现不了作弊行为。

这个故事的问题在哪里？童书总是以自居的方式，帮助孩子以想象的方式去尝试解决问题。但是，皮皮鲁的解决方案，却是逃避性的，这正是白日梦的类型。那些真正伟大的童话，例如《丑小鸭》《绿野仙踪》之类，也包括《彼得·潘》（里面同样有一个调皮的男生），总是试图给孩子以力量。因此这类故事，我们经常称之为成长故事或"英雄的旅程"，讲述主人公如何在各种帮助下战胜困难，最终获得内部发展和外部胜利的过程。在这些伟大的故事中，也有帮助者（类似罐头小人），但是帮助者并不替代主人公去发展，去解决问题。这两者的区别，就是流行作品与经典作品的区别。流行作品试图取悦读者，而经典作品试图发展读者。

因此，"皮皮鲁和鲁西西"系列，助长了我内心深入的逃避倾向，这几乎影响了我的大半生。积极意义是，它让我的童年有了一个逃避的港湾，一个宣泄的机会。

中学阶段，我是读着《人民文学》《诗刊》，读着普希金过来的。八十年代是文学的黄金时代，庆幸的是，我也刚好到了青春期。

喜爱的书籍很多，例如路遥的《人生》，后来还有《平凡的世界》，再比如家喻户晓的柯云路的《新星》，诗歌特别喜欢北岛的，其他诸如顾城的、舒婷的等，基本上都翻来覆去地读。在这一时期，对我影响最深的小说，实际上是张贤亮的《绿化树》和张承志的《北方的河》。

《北方的河》写的是"文革"后，一个准备考研究生的青年的意识流，他经历过痛苦、迷惘，最终在黄河的支流无定河边获得领悟。这篇小说本质上是诗，洋溢着热情的理想主义又不失厚重。当八十年代这个青春的时代，青春的我，与如此理想主义的宏大叙事相互遭遇，给心灵带来的强烈的冲击是可想而知的，可以说，这篇小说，以及那个时代那些具有独特气质的诗篇（尤其是北岛的《回答》之类），深刻地塑造了我，赋予我强烈的理想主义气质。

作为教育人，我时刻会想，在这个时代，孩子们用什么来刻写青春，以避免在网络时代可能产生的精神迷失？

当然，张承志的小说，在这种宏大而决绝的理想主义背后，又藏着另外的毒素，以至于我花了许多年来反思和清理他带给我的极端倾向，不过这是另一个话题了。

工作了，既努力又浑浑噩噩。

努力缘于自小不甘堕落，浑浑噩噩是因为周围环境大抵如此，得不到滋养，又怎么能轻易地一个人获得领会？这样一晃数年。

好在终于迎来了一个黄金期，这就是 BBS 时代。借助一根网线，我终于与世界再度获得了联结。于是，以"铁皮鼓"为网名，开始了在各大教育网站上纵横驰骋。此前，我连魏书生是谁都不知道。而此后，开始知道了苏霍姆林斯基，知道了杜威，知道了华德福……专业阅读开始了。2004 年离开老家前往成都私立学校打拼，追逐教育梦想。2006 年加盟新教育研究中心（今天南明教育的前身），成为专职研究者。在这个过程中，在团队，尤其是时任研究中心主任（也是全人之美课程的总设计者）干国祥老师的影响下，阅读的教育书籍是海量的。

必须选两本的话，那肯定是怀特海的《教育的目的》，以及莫兰的《复杂性理论与教育问题》。

这些书籍于我而言，都带有根本性。就是说，它们彻底地改造了我关于教育的基本认知，重新为我开辟了一块大地，影响至今。怀特海的影响，关乎三个方面。一是教育的目的。教育应激发和引导孩子走自我发展之路，防止僵化呆滞的思想对孩子的影响。换句话说，教育必须是生动的、有机的、当下的、充满活力的。二是课程的结构。合理的课程安排，不应该是分科的相加，而必须遵循一个"浪漫—精确—综合"的过程。这一论述，深刻地影响了南明教育。南明教育开发的"全人之美"课程，就是按照这个过程展开的。例如，在浪漫期，我们更强调高品质的丰富，所以提出诸如"海量阅读"等概念，影响深远。三是对认知过程的洞察。"浪漫—精确—综合"同时是一个认知过程，这对教学设计，以及理解儿童认知也起到了十分重要的作用，已经成为我关于教育教学的核心词汇。

也是在同一时期，接触了丰富的教育理论，并尝试将其整合到自己的理解中。这时候，有两个词语十分关键，一是"后现代"，二是"复杂性"。多尔的《后现代课程观》对团队影响深远，因为对教育本质的探寻需要一种复杂性思考，将不同的观点有机地整合起来，所以，复杂性思维至关重要。而在这种整合过程中，《复杂性理论与教育问题》无疑是非常重要的一本书。

这本书应该具有划时代的意义。我们今天常言的"核心素养"，其思想早就包含在这本书中，并且更为辽阔和深邃。它打破了学科界限，强调了未来教育所需要的各种知识，涉及哲学、心理学、生物学、脑科学、社会学、历史学等诸多领域，也可以说是一种教育人类学的视角。

当然，那一时期，有大量的书可以与之相印证。除了杜威等人的著作外，还包括博尔诺夫的《教育人类学》、库恩的《科学革命的结构》等。后来，进化心理学和脑科学方面的大量阅读也参与进来，共同丰富了这一过程。

（三）

2008 年开始，除了继续大量地攻读教育哲学、道德理论之外，因为我是语文教师出身，所以在文本解读方面，也进行了大量的阅读。其中，影响至深的有王国维的《人间词话》、刘勰的《文心雕龙·原道篇》、康德的《论优美感和崇高感》，等等。而其中特别值得一提的，是海德格尔的《林中路》。

因为那时候团队一直颠沛流离，所以海德格尔于我们有着特别的意义，甚至多次共读过《筑·居·思》这样的文章（后来花了两个暑假共读完了《存在与时间》，这是后话）。而从文学批评的角度，《林中路》中的论文《艺术作品的本源》，对我的文本解读能力的影响，是怎么形容都不为过的。

在海德格尔看来，艺术作品的本质，是存在的涌现。简要地说，我们阅读的大部分作品，都是作家的存在在某一刻的涌现，这被称为"艺术的真理"，或"存在的真理"。作品向我们显现了一个充满生机的真理性的世界，化为文字后随即就遮蔽了。而解读，是通过与作品的对话，让真理再度涌现。当然，这种涌现不是再现，而是共鸣。这让我们团队在解读文学作品时，比较警惕知识中心主义式的纯粹对象化的解读陷阱，而更重视作品内在的生命感，以及在作品与自己之间、与学生之间进行打通，从而让作品重新活起来。这种过程，经常是令人着迷的。

在做教师培训的时候，我经常使用的一本书是童书《特别的女生萨哈拉》，这本书特别值得一读。

在与孩子们共读时，会有意无意地引导孩子以主人公萨哈拉自居，体验一个孩子如何走出困境，最终孕育出内在的光芒的过程。但在与老师们共读时，则重视体会和研究高度成熟的老师波迪小姐的教育行为。

举个小小的例子。萨哈拉的梦想是成为作家，当她把这个梦想写到随笔本中一时冲动交给老师时，她以为老师会羞辱她，结果老师只回复了三个字："我相信！"而当她交上来的本子是空白的时，如果是现实中的老师，或许会苦口婆心地说："萨哈拉啊，你不是想当作家吗？你现在连作文都不写，将来怎么可能成为作家？！人啊，不能只空想，万丈高楼平地起……"然而波迪小姐只回复了一句话："作家需要写作。"总之，整本书中充满了教育智慧。"一朵具体的花，远胜过一千种真理。"

（四）

从 2008 年起，我在阅读上的另一个重大的变化，是开始进入认知心理学领域，重点研究儿童是如何学习的。

在这里，有一些人或领域发挥着重大影响，包括皮亚杰、维果茨基、布鲁纳、柯尔伯格，同时，信息加工理论、深度学习、脑科学、进化心理学对我也影响深远。行为主义心理学和精神分析学派的影响也很深远，但这是另一条线路。例如，行为主义对我的问题解决能力影响很深，而精神分析学派的影响，则关乎生命意义与文本解读。

如果只推荐一本，为什么要特别强调维果茨基的《思维与语言》？

皮亚杰和维果茨基代表了不同的角度，在简化的意义上，皮亚杰是科学家，他告诉我们儿童实际上什么样子，而维果茨基是教育家，他告诉我们孩子可能是什么样子。他们的背后，都有一种根本的方法。维果茨基强烈地反对至今在教育上起主导作用的要素分析法，而提倡一种整体分析或者说单元分析，类似于怀特海，也强调认知起于有机整体。阅读维果茨基，我极其重要的收获就是理解了概念的发展史，即每一个概念的建构，是怎样的一个具体而生动的过程。这对于死记硬背，无疑是一剂最好的解药。

以识字为例，在传统教学中，我们觉得掌握了一个字的音形义，就叫掌握了一个字。但在维果茨基看来，这只是一个开端，实际上，孩子需要通过无数次地在文本中遭遇这个字，从而逐渐建构起它的意义。不要小看这种认识，它带给语文课程的启发是非同小可的，甚至可以说，今天的教材编写，都要加以反思。

在课程论与教学论方面，影响我很深的，有杜威的《民主主义与教育》、多尔的《后现代课程观》，但是特别值得一提的，则是泰勒的《课程与教学的基本原理》。

有意思的是，我先接触的书，基本上都充满了对泰勒的批评，这延缓了我走向泰勒的时间。但真正仔细阅读《课程与教学的基本原理》后，深深地被这本书的简洁之美所打动。它通篇只讨论四个问题：

1. 学校应该达到哪些教育目标？

2. 提供哪些教育经验才能实现这些目标？

3. 怎样才能有效地组织这些教育经验？

4. 我们怎样才能确定这些目标正在得到实现？

这个结构十分有效，并且也已经成为我的内在理解框架。这真让我感慨，与一个真理相对的，往往是另一个更深刻的真理。

（五）

2012年开始，我走上了校长的岗位。于是，阅读大幅度地转向了管理。教育管理的作品我几乎不读，除了极少数如《有效的学习型学校》之类，我主要读企业管理方面的书，有关大企业的书读过不少，特别喜欢"自组织"模型的企业管理，对我影响较大的作品是《重新定义公司：谷歌是如何运营的》。

影响我最深的是管理学大师德鲁克，特别喜欢的著作是《卓有成效的管理者》。

这本书里面包含了一个需要反复体会的深刻的思想：一切管理，本质上都是自我管理。它用四分之三的篇幅在讲一个管理者如何自我管理。而市面上的大部分管理书籍，都在讲如何管理别人，这就是区别。所以它对我最重要的影响，就是让我明白，只有不断地自我进化（包括反思和调整），才能带来学校的进步，"己欲立则立人，己欲达而达人"。

另一本影响深远的书，则是《麦肯锡方法》。我喜欢它那种深刻的简明。尤其是金字塔结构，被我运用到诸多领域，例如写作研究、学校管理，乃至于一般的问题解决。实际上，问题解决于是我非常重要的一个研究领域，这个领域也有大量值得阅读的作品。而在一切工具中，对我影响最深的是两个相互补充的观念：一是"完全穷尽，互不重叠"，二是"如无必要，毋增实体"。后一个即是奥卡姆剃刀原则，有时候我也称为极简原则。这两者联合运用，十分高效。

就是说，我从早期的啃读者，逐渐变成一个问题解决者。

列出来的书，我没有读过五遍以下的，理论书籍多数读十遍以上，而每一本专业书籍的背后，可能都有数十本的相关阅读。我们自己称这种阅读为"根本书籍"的"知性阅读"，还给了一个形象的命名，叫"海拔五千"。

体制外研究与办学实践，辛苦异常，但带来两个显著的好结果。一是不必有形式主义的应付或不必要的交际，这让我们保持了专注；二是处境逼迫我们必须成为问题解决者，这促进了知识的转化。作为读书人，我最大的梦想，是希望知识能够真正地转化为自身的能力。十多年前，有些许浮名，却令我不安。如今，置身于教育现场，可以随时自如地在与教育相关的不同领域穿梭，解释和解决问题，其中的快乐，是难以言喻的。

当然，教育是天底下最复杂的事，时时刻刻不得不战战兢兢，如履薄冰。然而，正是在这复杂精微处，有着至高的奖赏，令人着迷，包括自由与尊严。

作为知识矿工，你怎么知道黄金在哪里

我经常被问及的一个问题是：我应该读什么书？

而我经常看到的现象是，许多人在读不正确的书。所谓"不正确的书"，是指垃圾书，与解决他们的问题毫不相干或关联不大的书，甚至包括徒劳无功地啃读经典（经典崇拜）。包括自己学校的有些共同体，也在共读不合宜的书。

不只如此，在备课或研究课程时，许多人也常常不知道如何寻找合宜的参考资料。

在这里，有许多糊涂或片面的观点：

1. 教师应该多读些经典。

2. 不要读那些没用的理论书，要读一些操作性强的书籍。

3. 卖得快的书一定是好的。

4. 实际上读书是无用的，还是自己在实践中摸索更有效。

实际上，在这个终身学习的时代，教师有必要成为知识矿工，不断增强寻找"黄金"的能力，"此地有黄金"之类的必读书 100 种、10 种，可以作为参考，但无法替代你自己的搜索能力和判断能力。

原则只有一条，这是最早由干国祥老师提出来的，适合学生也合适教师：寻找此时此刻最适合你的图书。

就是说，选（tú）美（shū）大（tuī）赛（jiàn），也无法帮你找到最理想的爱人。因为别人无法知道，谁此时此刻最能够与你擦出爱情的火花，从而让你的生命在那一瞬间迸发出火花，并拥有持久的激情与意义。

（一）

先问一个问题：你如何快速地进入一个相对陌生的领域，并且知道这个领域的高手是谁，有哪些值得阅读的作品和文章？

不同的领域，方法不尽相同。重要的不是具体的方法，而是背后的思维方法，或者说判断力。例如，你打算研究一下苏轼，开发一个苏轼课程。那么，你肯定想要知道几个问题：

1. 苏轼的哪些诗文，是最值得纳入课程的？

2. 苏轼的一生是怎样的？与他的时代（文学的、历史的、思想的）有什么关系？

3. 我要采用怎样的框架去搭建这个课程？

4. 我怎么快速汲取关于苏轼研究（思想研究和作品研究）的精华内容？其他人在这个方向上，都做出过哪些努力？

我发现很多一线老师缺乏研究意识，直接百度苏轼作品，再读读传记就开始做课程了，结果成了一堆资料的堆砌，拼凑了许多碎片，难以形成精而透彻的课程。

你可以考虑按以下步骤来做：

1. 搜索几篇苏轼研究综述。

2. 扫读综述后画重点（重点作者、重点论文和重点书籍）。

3. 登陆"国家哲学社会科学文献中心"，注册并免费下载论文。

4. 搜索重点作者的全部论文，下载关于苏轼的全部研究论文。

5. 购买重点书籍。

6. 扫读下载和购买的资源，标注重点。

7. 精读重点部分并做笔记，搭建课程框架。

这里还涉及诸多细节，包括怎么找到一首诗的解读最好的资源，限于篇幅，就不一一阐述了，有兴趣可以去探索。总之，你可以在极短的时间内，例如半天，就找到富矿，然后慢慢开采。

（二）

我的习惯，是找人，而不是找文。

就是说，在任何领域中，你得知道高手是谁。在这里，有两条定律：

1. 在任何领域，高手都非常少，教育领域尤其如此。

2. 名气很大的一批人，往往不是高手。武侠世界里的定律，学术界同样存在。你忙着露脸赚粉丝，学问还能精进？当别人傻吗？

例如研究写作，我在非常短的时间里，就弄清楚了"写作地图"，即高手分布图。可以说，寥寥数人而已，而这数人的代表作品，我是细致地读过的。当然，也会研究他们的缺陷和彼此之间的差异。我买的大部分的相关书籍，阅读时间都不超过 10 秒，真的只是翻翻目录，就扔了。（当然，写作研究很多时候"功夫在诗外"，这是另一个话题，不展开。）

怎么找到高手？要靠嗅觉。在一个领域里沉浸得愈久，嗅觉愈灵敏。

高手的特点，是通透。哪怕一个小问题，三言两语，轻描淡写，你就会豁然开朗。你有没有这种感觉：读大多数诗歌鉴赏文字，包括一些出名的老先生的文字，总觉得花团锦簇，这个性那个性的，但是引不起你的冲动，而有些人，轻轻一句，你就兴奋了？兴奋就是读高手的作品时伴随着的一个特征。

高手与高手以下，并不是连续的渐进，而是有一个明显的鸿沟。高手当然也有谱系，但是，高手与平庸之辈的界限，还是很分明的。仍然以诗歌鉴赏为例，叶嘉莹就是高手。但在叶嘉莹之上，还有一批人，叶嘉莹只是在诗学传统的末端，最靠近公众的地方。你读《人间词话》不兴奋，不代表王国维不是高手，可能是因为他在你的最近发展区之上。但无论如何，你要练习诗歌解读，叶嘉莹就是你的起点。我当年就是从叶嘉莹出发，径由王国维，最终一直走向西方诗学的。最早的时候，《人间词话》我也是读不懂的。所谓读不懂，不是指读不懂字面意思，而是引发不了兴奋，这就代表着未能理解。

有段时间我浏览了数百篇论文，读得快要呕吐了。偶尔地看到一篇通透的，就习惯性地搜索这个作者其他的论文，果然是高手。然后，我会去当当或孔夫子找他的书，挑中意的买来翻翻。

当然，你读高手的书，翻一翻后面的资料索引，也是极有益的。

（三）

高手也是有缺陷的，这是人的有限性决定的。因此，要看同一领域不同高手的作品，如果高手之间互有过招（这很少），那就更有意思了。

不必神化高手，高手往往是三分靠天赋，七分靠机缘，就是说在高手进入某个领域之后，相关的支撑学科的发展，碰巧为他提供了基础，他抢先一步领会，就成了高手。

所有的高手，都是在前人的基础之上前进的。——实际上，大部分还谈不上前进，就像叶嘉莹，只是打通，有限领会，就已经卓成一家了。

因此，你理解和判断一个高手，不妨研究一下他的学术背景。在教育领域，要成为高手，跨界是十分重要的，多学科背景更具有优势。王荣生老师便是高手，当年一部《语文科课程论基础》启发了多少人，包括我。但是，直到现在，他都没有突破这本书的高度（甚至宽度），主要原因是受背景的限制。之后讲写作，讲教材怎么教，问题就很多了。当然，仅此一本，便值得致敬甚至献上膝盖了。

也因此，不要神化前辈，要相信进化论。

我很尊重诸如叶圣陶、陶行知等前辈大家，但对民国热不以为然，更不认为他们编写的教材，以及写作研究，就是今天的方向。这不是轻视他们的智力和努力，而是他们受到了时代的局限。这里所谓的时代的局限，主要是指学术发展的局限。例如，最近一百年，认知心理学的飞速发展，就是他们未能预料的，并且也不大可能吸纳到他们的著作中。以写作为例，我对《金字塔原理》的重视，远远超过对《国文百八课》《大师们的作文课》之类作品的重视。

总结一下：

1.在任何领域，总有一些基础的核心入门书籍，应该作为阅读的底线。

2.围绕着你要解决的问题，你要锤炼快速寻找精华资源的能力。

3.要逐渐熟悉你所在领域的高手，从入门级的高手开始，向上修炼。

以上所讲的，属于初阶修炼，只是讨论到哪里去挖矿。中阶修炼，则是打造围绕自身的高品质的生态系统；高阶修炼，则是锤炼一剑封喉的能力。

要训练自己和学生保持智力上的紧张感

一个健美达人，一个训练有素的运动员，与一个普通人的区别在哪里？

在于他们的肌肉是紧张的，有力的，彼此间结构井然；而普通人的肌肉是松弛的，散漫的，并且有大量的赘肉。他们一旦运动起来，就像性能良好的汽车，瞬间就能提速并且保持灵敏，极具有爆发力；而普通人一旦行动起来，则是懒散的，迟钝的，很难围绕一个目标调集身体的能量。并且，健美达人和运动员，往往更为动静适宜，当他们休息时，会比普通人更为放松，所谓"静若处子，动若脱兔"；而普通人则往往连休息也很难彻底，充满了各种因未经训练而带来的扰乱。

那么，如果我们把肌肉换成心智呢？经过训练的心智，与一般的心智，究竟有什么区别？

区别是，经过训练的心智，能够保持智力上的紧张感。而这一点，是区分优秀者与平庸者的一条核心因素。

（一）

智力上的紧张感，就是我们所谓的"专注"。

人在专注状态下，常常是忘我的。因为这时候主宰我的，不是我的情绪或本能，而是目标或外部事件（物）。

例如，疲惫的你站在拥挤的地铁上，突然，附近有一个人收起了手机，似乎要起身。于是，你的大脑突然就兴奋起来，一个目标产生了：抢占这个座位！然而，围绕着这个目标，你需要做出一连串的判断与尝试：

1.他是要在这一站下车吗？

2.如果他要下车，他多久会朝车门附近移动？

3.他周边的人，谁最有可能抢占这个座位？如果我采取行动，抢占这个座位的概率有多大？

4.旁边有老人或孕妇吗？哪怕旁边有任何一个女人，要与其抢占座位，也会增加我的道德压力。

5.我移动到这个座位旁边，大概需要多久？

6.我要怎么移动，才能显得像是漫不经心，而不让周围人看到我强烈的动机？

7.如果别人比我反应更快，抢了座位，怎么办？我如何才能避免尴尬，将自己抢座位的动机遮掩起来？

……

接下来，你只是很自然地摆动了几下身体，选择了一个适合的角度，等这个人站起来的一瞬间，十分巧妙地利用他的身体作为阻挡，从另一侧伸出脚去，自然而然地完成了身体的转移，面无表情地坐在了那个座位上。

"耶！"你在心里为自己欢呼了一声。然后，你的大脑和身体彻底地松弛下来：是不是应该眯一会儿休息一下了？

这就是一个问题解决过程。在这个过程中，目标引发了强烈的动机，原来松散的、各不相关的环境，在智力的作用下，被迅速地结构化，成为达成目标过程中的相互关联的资源或阻碍，并被有效地加以利用或排除。就像健美达人训练身体，利用自身的力量，消除掉不必要的脂肪，加强相关部分的肌肉，等等。

如果你在工作日天天需要坐地铁，那么，你在解决这个问题时，就会拥有越来越强大的智慧。你知道哪节车厢人少，每一站人流的情况，自己上车后应该移动到什么位置，如何判断一个人多久会站起来。

（二）

如果要为许多老师的智力画像，那一定是大腹便便的，极少见到智力上的健美达人或运动员。

突出的表现，就是缺乏智力上的紧张感。

一个缺乏智力上的紧张感的老师，常常是非常自我中心的。他们无法以学生为中心，哪怕以知识为中心，将整个认知环境有效地组织起来，形成一种有效率的场域。

他们智力松弛地走进教室（甚至常常迟到），对于每一次和学生见面，缺乏一种设计感。散漫地打开电脑，众目睽睽下开始寻找和操作 PPT，按部就班地讲解。学生走神，那是"注意力不集中"；学生有小动作，那是"不遵守纪律"；学生没听懂，那是因为"笨"，"我都讲了几遍了？你简直就是个榆木脑袋"；考试成绩不好，那是因为不努力……总之，最后就是一声叹息："唉，这届学生不行，一届不如一届了！"

缺乏智力上的紧张感，导致了大量的"路径依赖者"，到什么山头唱什么歌。举个例子，有多少老师，真正地研究过课程标准？更不用说将课程标准结构化和内化，与自己的每一节课建立一种默会的关联。

先是照本宣科，按部就班。然后给予一个解释：工资太低了，管理太死了，应试教育没得办法，这届学生不行，现在的家长不尊重老师……总之，都是他人造成的。最后，低自尊而敏感易怒，低人格而热衷于评判。

我曾经说过，好的老师，或者是导师，或者是教练。教练型的老师，就是我经常说的"问题解决者"。给他们一批学生，他们的目标是，让这批学生穿越一定的时间达到或超过预定的标准。教练的一切行为，都带有很强的设计感。他会控制环境与文化，通过必要的设计和反馈，来促成目标的实现。

也因此，教练往往是严格的。上课结束了，不代表学习结束了，只有当你达成目标，才算结束。如果没有达成目标，对不起，请延长时间，并经受更苛刻的练习。在目标的指引下，无论学习者，还是指导者，都必须通过调整自身来适应目标。

（三）

与智力上的紧张感对应的，是情绪上的紧张感。

这就是所谓的"焦虑"。

"明知山有虎，偏向虎山行"？那是二货，不是武松。武松也和常人一样，吃了一惊，酒醒了一半。但是，接下来的反应，武松就和一般人不一样了，这种不一样，就是训练带来的差别。经过阳谷县教研室的师资培训，武松可不只会干酒，同时也会干架。这届学生不行？接了班就得上啊！洒家可不能让什么湖北人陕西人笑话！

然后武松就自然而然地进入了紧张状态。这种紧张，如前所述，本质上是智力上的兴奋感。这时候，占据武松身心的，是怎么把老虎干掉，是这个目标，在主宰他的全部注意力，调整着他的专业行为。

亏得是武松，要是一般人呢？

就容易陷入情绪上的紧张：妈呀，我的妈呀！

如果允许老虎暂停片刻，给他一些反应时间，他会怎么反应？

我怎么这么倒霉呢？这条道少说也走了十多次了，怎么就碰到这么一个班？不，说错了，这样一只大老虎？那个阳谷县令真不是东西，一个老虎都解决不了！老虎啊老虎，你能不能不吃我？

情绪上的紧张感，到了极致，就是一种习得性无助：我闭上眼睛吧，就当老虎不存在！

这种紧张感，会减缓行动力，甚至让人完全丧失行动力。浑身僵硬，唯独腿是软的，只能变成老虎的午餐。

处于焦虑状态，人往往是敏感和易怒的，容易抱怨和不宽容。如今，无论是成人还是孩子，都很容易陷入焦虑，或者说，情绪上陷入紧张。

当然，智力上的紧张感或兴奋感，往往伴随着情绪上的紧张感，但是，当情绪上的紧张感压倒一切时，智力就退场了。久之，就容易形成一种固定的反应模式。

（四）

　　能让自己保持智力上的紧张感，是一种非常良好的智力习惯。这种习惯，要从小加以培养。

　　培养的核心，是自主性和刻意练习。

　　培养自主性是说，就是要让孩子成为问题解决的主体。只有孩子成为问题解决的主体，他才能够训练自己围绕着问题，朝向某个目标，来研究环境中的诸要素，找出关键因素，分析环境中有意义的结构，并最终生成解决问题的策略，且处于不断调整互动之中。

　　丧失自主性的孩子，只是一个活动木偶，在成人的指挥下，重复一些单调的动作，以达到成人的目标。而成人之所以这么做，据说是出于效率和避免失败。但是智力的训练，本身就是建立在大量浪费的基础上的。

　　例如，孩子要进行研究性学习，可能写出来的论文不堪看，就像爱因斯坦的第一个小板凳。甚至孩子还可能抗拒、厌倦、逃避。但是，如果研究性学习成为一种常态，那么，研究的种子，就会在孩子身上扎下根来。不指望这个，难道你指望题海训练吗？

　　刻意练习就比较容易理解。所谓的"刻意"，本质上就是专注。而专注的含义，就是对环境的各组成部分、问题的各要素，进行详细的考查和分析。未经过足够数量刻意练习的人，其思维往往是散漫的，思考问题是不缜密的。

　　另外，我曾在《到底应该把孩子培养成怎样的人？你的想法可能很有问题啊……》一文中说过，要引导孩子更关注学习本身，而不是分数或排名，也是因为前者容易把孩子引向有效的智力训练，而后者，经常会导致孩子和家长无谓的焦虑，反而妨碍了深度学习。

　　教师发展也是如此。

　　面对一个班级，一个学科，哪怕是一次考试，要排除一切不必要的干扰，"把信送给加西亚"。送多了，不但能力强了，责任感也增加了，并且，是一个道德上更可靠的人。

（五）

保持智力上的紧张感，是一件非常困难的事。

我们常见的，是各种拖延与松弛。这部分地来自于人类的天性。正如美团创始人王兴所说："许多人为了逃避思考，宁愿去做任何事。"（即现在网络上经常说的"低品质的勤奋"）部分地来自不恰当的制度环境。例如，如果学生的时间都被填满了，那么，思考就是一件奢侈的事。因为保持智力上的紧张感，乃是一种少而透的训练方式。人的智力不可能一直保持在紧张状态，越是经历类似高峰体验或心流的时刻，越需要漫长的休息（包括工作性休息），这是智力的特征之一。例如，我在工作中消耗了大量的智力，那么下班买菜时，就不会在菜市场运用智力讨价还价，因为你的智力资源是有限的。

因此，观察一节课上学生的智力运用情况，可以下课去观察。凡是下课喧闹的班级，高概率地判断，刚经历了一节没有多少智力含量的课。课间喧闹，并非出自孩子的天性，而是因为学生在课堂上"身体紧张，头脑放松"。

教师这项工作的艰难与乐趣都在于此。

我们需要设计出有挑战力的课程，刺激和发展学生的智力。

我们需要投入挑战性的学习，尤其是反思性思维，不断地锤炼自己的智力。

这不仅是成长中的孩子对我们的要求，也是我们自身最高的可能性向我们发出的召唤。

读书时老记不住内容怎么办

本文所讨论的书，不是有难度的经典，例如《论语》或《人间词话》（需要另文来讲）；也不是消遣读物，它们可能更适合"风吹哪页读哪页"；而更多的是指工具、方法、观念类图书，例如《异类》《影响力》《关键对话》，等等。

阅读这类书，经常的情况是：激动地买了，激动地读了，慢慢地忘了……如此反复，而生活并不因此发生改变。我们自己在解释时，会说"条件不具备""写得天花乱坠其实不实用""我就是坚持不了缺乏意志力"，等等。

如何避免或减少这种情况？

（一）

在解决问题之前，先要明白，这类书是如何作用于我们的？就是说，假如它们对我们是有益的，会以怎样的方式发挥作用？

我经常自己做饭。如果我要做一个从来没有做过的菜，我会怎么办？

第一步：上网搜索选择合适的菜谱。——这是为解决问题寻找合宜的"书"。

第二步：看明白菜谱中对材料的要求，然后严格按上面列举的步骤来做。——这是理解一本"书"的结构。

第三步：炒出来后品尝，总结经验教训。如果炒得不好，就将炒菜过程与菜谱对照，找出遗漏或搞反的环节，以便下次进行修正；如果炒得很好，就形成模式，下次继续这样操作或进行改进。——这是对"书"中知识的运用和反思调整。

"菜谱阅读"为什么是有效的？因为每一个环节都是清晰的和可把握的。（1）为解决问题而寻找合适的菜谱的过程是清晰的。比如我的材料是茄子，我就找与茄子有关的菜谱，再选择是凉拌还是红烧。（2）我可以迅速领会做茄子应该具有的时间性的动作结构，即一组前后相连的有因果关系的动作。并且，我模仿这个动作进行操作。（3）我对结果进行评估，根据结果修正动作结构，使之更完善。并且，只要我愿意，可以在漫长的岁月中不断地修正，甚至做一些变化，直至创造出菜谱中没有的结构。

但是，不是所有问题都像菜谱这么简洁明了，教育领域更是如此。举个例子，如果你是一个校长（或班主任），要解决管理问题，你会面临海量的图书，在这些图书中，哪些更能够解决你的问题？这本身就是非常棘手的。就是说，能找到合适的"菜谱"，就需要经验，是个技术活。

而这显然不是最难的。最难的，是理解书中所包含的那个动作结构，通常也被称为观念、逻辑结构、操作结构。一本书的实质，就是一种结构，书的写作就是结构的展开。而阅读，就是进入和理解这种结构，并将这种结构吸纳到自己原有的经验结构中去，此之谓"建构"。建构这一结构，是真正的难点。工具类图书，理解起来应该不难，最终难以建构成自己的结构有种种原因，其中之一就仿佛在公园里漫游，每一步都赏心悦目，但是却无法建构起一张公园的地图来。

（二）

那么，在基本能读懂的情况下，如何理解（吸收）一本书？

这可以讲很多……但我知道你没有耐心。所以，我给一个最简单的方法：将一本书至少读两遍。

第一遍，热读。

即一口气读完，你分两口气三口气当然也没有关系，就是很快地读完第一遍。在这里有几个关键动作：将特别吸引你的例子，或重要的结论，或有启发的段落画出来。有感想或联想到什么，也可以快速记录在书上（而不是另外的地方，除非书是借来的）。

第二遍，跳读。

读完一本书后，立即读第二遍，或者在一周内开始读第二遍，不要等印象模糊了再读，两遍间距越小越好。

第二遍读的时候，先重点读"前言""后记"等（当然，有些书不值得读这些部分），然后开始跳读，即只读自己画线和批注的部分。如果读得有了新感觉，个别没画线的部分也可以再次补读，可能会有新的发现。这一遍读的时候要慢，但因为是跳读，整体速度仍然可能快于第一遍。

这一遍有两个目的：一是通过勾画的重点，有意无意地将书的结构提取出来，对这些结构性语句重新阅读，有助于完成全书的结构化。而这一遍读得稍慢，正是为了通过思维的前后往复，内化这本书的结构。二是慢下来，有助于将这本书与自己的问题结合起来，通过书的刺激，形成解决自身问题的好的想法（灵感），这些想法要及时地记录下来。书读完后，可以对这些想法再进行深加工，就有可能促成有价值的实践。

可能一开始会有些问题，但是练习久了，结构化能力就增强了。

貌似简单，却很难形成习惯。为什么？

因为一般人一旦进入这类阅读，就会无意识中期待尽快读完（这跟读引人入胜的小说不同）。一旦读完了，就缺乏足够的思考意志对书中的知识进行深化加工，甚至会满足于"我读了一本书"的成就感中，而忽视了读书的目的。

（三）

实际上，上述读法还有升级版。

有几种办法可以进一步促成理解乃至于改变行动。第一种方法是与别人分享，将书中的内容讲给周围的人。往往在讲述的时候，就会发现自己有没有弄明白的地方，或者整个结构并未了解于胸。但是，在阅读过程中，想着这么好的东西要与别人分享，本身就会让你在阅读时做这种准备，从而提升阅读的专注度。

更重要的一种方法，是不要停止阅读，换一本或多本类似的书。例如，我在读德鲁克的管理书籍的时候，觉得写得真好啊，就赶紧找他另外的书来阅读。因为他大部分管理类书籍的背后，有着相同的管理思想或者说思想结构，所以我虽然读了不同的书，但是却是在温习同样的结构，而且对结构的理解，或者说对他的思想的理解，更为灵活和生动。最后，我还会去读类似《旁观者》这样的书，了解德鲁克的生活及生活环境，这有助于理解他思想的形成。

再举个例子，在班级管理方面，好书如果读上若干本，会发现有些技巧被反复使用，有些原理被反复强调，那么不知不觉地，这些技巧和原理，就会深入我们的潜意识，化为我们技巧的一部分。除非阅读最终作用于我们的潜意识，否则知识只是被堆积在大脑中而已。

此外，读一些观念有分歧的书，反而能够增进对某一观念或问题的深刻理解。

上述第二种方法，实际上接近于一种主题阅读。

第三种方法，就是照猫画虎，将书上的方法，照搬或改造到自己的生活中，再根据实际情况加以改进。不错，有时候会失败，会遭受挫折。但更多的时候，并不会失败，只是改进没有那么明显而已。而没有那么明显的原因，往往是在实践中不能保持执行的深度或力度（这是我的经验）。如果你尽可能将每一个"动作"做到位，那么，实践效果就会显著提升。哪怕效果不明显甚至失败了，也有助于反思，并增进对书的进一步理解。

这只是我个人的经验，你要不要试试？

都放学了，你还把学生留在教室里？

看到标题，你一定以为我要批评这种做法吧？

你想错了……

对于因类似留堂这样的做法引起的不良反应（例如家长投诉），不要过度反应。反应不对的话，就可能寒了老师的心。无论老师的动机，是为孩子好，还是担心自己的考试排名。

我们今天就来讨论一下留堂的正确姿势。这件事未必就值得讨论，我想借这件事来呈现的，是一种系统思考的方法。

一、留堂这种做法，究竟对不对

留堂这种行为在教育学上是否正确，取决于一个关键问题：

你留堂的目的，是要求学生承担起自己应该承担的责任，还是为了惩罚他以显示你的权威？

如果是后者，显然是不对的。但如果是前者，那你可能是对的。如果学习任务在学生的能力范围内（注意，这一点很重要，如果不在能力范围内，就不能用留堂的方式解决），但是因为种种无法谅解的原因，例如懒怠、拖延、敷衍了事，导致学习任务未完成，那么，对不起，请你晚点回家，完成任务再走。

如果晚点回家也肯定完成不了任务，则要考虑对任务进行切割，多次完成。否则，你只是让他做一件不可能的事，那么，你究竟想干嘛？

"今日事今日毕"，是一种极其有益的训练，我认为经过这种训练的孩子，终生都会感激。我支持留堂，就是支持老师要坚定地传递给孩子这种信息。一旦孩子意识到，今日的事，老师不能容忍拖到明天，那么，他的学习行为就会更趋向于积极。

当然，任务不当，又整班留堂，这种做法很糟糕。少数孩子完成不了任务，责任可能在孩子，多数孩子完成不了任务，责任就一定在教师。

虽然如此，留堂还是会引发许多家长的反感：

"我娃咋啦？上课时你不抓，到放学了你就抓住不放？"

"不就是没完成作业吗？明天补不行吗？非得抓放学的时间？"

"请问，你是惩罚孩子呢，还是惩罚家长？你知道我们在学校门口等得有多难受吗？"

"我不反对补作业，可这个点不对啊。停车问题，做饭问题，睡觉问题，这一连串的问题，都要家长来承担，你想过我们的感受吗？"

"为啥就我家娃留堂？这多伤自尊啊！他那么幼小的心灵，经得住你的摧残吗？"

"老师，我家俩孩子读这一所学校，一个留堂，另一个咋办？你考虑过我的处境没有？"

"我更惨，我接了这个，还得到中学去接另外一个呢！这时间点，对不上呀！"

……

老师也很委屈：别人都下班了，你说我这是为了谁啊？

假设：

你没有因为生气泄愤留堂。

你没有惩罚全班学生留堂。

你没有让根本不具备完成作业能力的孩子留堂。

你知道留堂花不了多少时间就能完成任务。

你留堂的目的，是向那些真正因为懈怠、拖延、潦草而未完成学习任务的孩子释放强烈的信息——今日事今日毕！

如果你更成熟一点，你不会生气、愤怒，而是关切、协助："哎呀，这可真是糟糕，老师也替你遗憾，你只能留下来做作业了！不过没关系，老师陪着你，哪道题目不懂了，可以问我。"

但是，我们仍然容易犯一些错误。其中最容易犯的错误，是自我中心主义。

你有一个执念，你将它合理化为一个系统。例如，你把学生留堂，你觉得，学生哪有什么资格抱怨，这是自作自受啊。家长嘛，应该感激你，你这么辛苦，校长还不付加班费，你也不额外收费用帮着修理娃……

问题是，你得研究学生是如何思考问题的，家长又是如何思考问题的。

限于篇幅，我们暂且不谈学生，集中考虑一下家长的问题。

有些家长很支持留堂：

"我家娃老不自觉了，就该这样整治整治。对了，老师，你尽管放心整他。"

但有些家长就不支持了。不支持的原因，可能是教育观念上的分歧，可能是家长更关心孩子的身体，更可能是留堂打乱了家长的安排，经常造成不必要的成本。

那么接下来，你要考虑一下：怎样正确地留堂，才能让孩子心服口服，让家长至少不反感？

二、怎么留堂家长不反感

用一句话来概括：你要和家长达成一致。

在学生这里，原则必须是清晰的：你要为你的学业负责。

但真正涉及留堂时，你要尽可能提前告知家长并做好沟通。沟通时尽可能地礼貌、清晰，且应该包含下列结构：

1. 我打算做什么？预计多久？

举个例子，你告知家长，你打算留堂，预计时间不超过 1 小时。那么，1 小时后，无论是否完成任务，都要放行。除非你跟家长达成高度一致，多久都可以等。但通常不建议如此。

2. 我为什么这么做？

简要解释这么做的好处。最好让家长明白，其意义绝不止于完成一次作业，更重要的是一种习惯的培养，一种责任感的培养。

3.您方便晚接孩子吗？有什么具体困难？您希望留堂吗？

如果家长不希望留，就不留，无论是什么原因。因为这段时间是契约之外的时间，老师哪怕抱着美好的愿望，也不应该强迫家长。

总之，家长知道了老师的意图，有了选择，事情就好办多了。时间一长，大家就磨合好了，就高度默契了。

当然，会有种种例外，无论哪一种例外，都要尊重家长的想法和选择。

1.我赞成"今日事今日毕"，但我不赞成留堂。

原因这时候不重要，可能家长接送不方便，可能接送方便，但家长不想打乱自己的作息来陪绑。问题的焦点，不是要不要留堂，而是怎么让孩子为自己的行为负责。那么，留堂就不是唯一的路径，可替换的路径，就是将任务带回家，在家长的监督下完成，然后第二天带给老师（甚至当天晚上做完后拍照发给老师都可以）。

2.放学时我才知道哪个要留堂……

这是最常见的。怎么解决？一旦确定了留堂人选，立刻联系家长解决。或者家长来接孩子的时候现场沟通。无论哪种情况，都要把选择权交给家长，这是对家长的尊重。

另外，老师们都明白，留堂的学生，往往就是那么几个人……这时候就简单了，因为经过多次沟通，你和家长就形成了默契，甚至不用每次都沟通了。

3.家长不负责任，沟通根本无用！

这类家长，有根本不管的，也有凡事归咎于老师的。可能他反感留堂给他造成麻烦，放孩子回家吧，他也不会在家里监督。那么，怎么办？

没办法，多与孩子沟通，培养孩子的自觉，但不要太执著于结果。"教育不是万能的"，你辛辛苦苦的贡献，抵消不了家庭的负面作用，你要把有限的精力，投入到更有价值的部分中去。

尽管这样讲，我仍然想提醒：留堂是药，不能当饭。

如果有些学生长期地习惯性留堂，那么，我们就要反思一下了。

你可能犯的错误是：

1.你将留堂当成了惩罚。

2.你长期作业太多，习惯以作业弥补课堂的低效。

3.你是选择性留堂，孩子无形中在与你博弈。

4.你没有在留堂的同时，向学生传递坚定的信息。

如果这样，就要及时地调整了。